다림인성학교 ❷

# 소통,
### 생각이 달라도
### 가능할까?

다림인성학교 ❷
# 소통, 생각이 달라도 가능할까?

초판 1쇄 발행  2020년 8월 30일
초판 4쇄 발행  2025년 5월 12일

글쓴이  박주연
그린이  지수

**편집장** 천미진 | **편집** 최지우, 김현희
**디자인** 최윤정 | **마케팅** 한소정 | **경영지원** 한지영

**펴낸이** 한혁수 | **펴낸곳** 도서출판 다림 | **등록** 1997. 8. 1. 제1-2209호
**주소** 07228 서울시 영등포구 영신로 220 KnK 디지털타워 1102호
**전화** 02-538-2913 | **팩스** 070-4275-1693 | **전자 우편** darimbooks@hanmail.net
**블로그** blog.naver.com/darimbooks | **다림 카페** cafe.naver.com/darimbooks

ISBN 978-89-6177-241-9 (74190)
ISBN 978-89-6177-211-2 (세트)

ⓒ 박주연, 지수 2020

이 도서의 국립중앙도서관 출판예정도서목록(CIP)은 서지정보유통지원시스템 홈페이지(http://seoji.nl.go.kr)와
국가자료종합목록시스템(http://www.nl.go.kr/kolisnet)에서 이용하실 수 있습니다(CIP제어번호 : CIP2020031058).

이 책 내용의 일부 또는 전부를 사용하려면 반드시 저작권자와 도서출판 다림의 서면 동의를 받아야 합니다.
책값은 뒤표지에 있습니다.

| **제품명**: 소통, 생각이 달라도 가능할까? | **제조자명**: 도서출판 다림 | **제조국명**: 대한민국 |
**전화번호**: 02-538-2913 | **주소**: 서울시 영등포구 영신로 220 KnK 디지털타워 1102호
**제조년월**: 2025년 5월 12일 | **사용연령**: 10세 이상

※KC마크는 이 제품이 공통안전기준에 적합하였음을 의미합니다.

⚠ 주 의
아이들이 모서리에 다치지
않게 주의하세요.

다림인성학교 ❷

# 소통,
## 생각이 달라도 가능할까?

다림

나의 느낌, 너의 느낌

나의 생각, 너의 생각

서로 같아도 달라도

귀로 눈으로 마음으로 소통하며

서로를 존중하는 건강한 삶을 위하여

● 작가의 말 ●

## "말이야, 방구야!"

우리는 말로 자신의 감정과 생각을 표현해요. 말은 의사소통을 위한 중요한 수단이지요. 그런데 내 말을 상대방이 이해하지 못해 답답했거나 반대로 상대방이 무슨 말을 하는지 몰라 답답한 적은 없었나요? 말로 인해 오해가 생겨 감정이 상한 적은요? 아무도 내 말에 귀 기울여 주지 않으면 우울하기도 하지요. 하지만 반대로 누군가 내 말에 맞장구를 쳐 주고, 내가 하고 싶은 이야기에 귀 기울이면 기분이 좋고, 더 신나게 말할 수도 있어요.

이 세상에 말을 잘 못하고 싶은 사람은 없을 거예요. 그런데 여러분이 생각하는 '말을 잘한다'는 건 어떤 것인가요? 사람들의 관심을 끌도록 말하는 것? 상대방이 나를 따르도록 말하는 것? 막힘없이 술술 말하는 것? 명언을 말하는 것? 재미있게 말하는 것? 발표를 잘하는 것? 다양한 생각이 있겠지요. 그런데 이 모든 것은 말하기의 기본이 없다면 절대 이루어질 수 없답니다.

소통을 위한 말하기의 기본은 바로 '내 뜻, 내 의도대로 말하기'예요. 이 기본이 없다면 말을 잘하기란 어려운 일이지요. 너무 당연한 말 아니냐고요? 내가 하는 말인데, 내 뜻이 아닐 수가 있냐고요?

그래요, 아닐 수 있어요. 말은 말 자체에 오해의 소지가 있거든요. 소통하려고 하는 말이 오히려 사람 사이의 소통을 막을 수도 있는 것이지요. 말은 눈에 보이는 사물은 물론 감정, 시간, 꿈, 희망 같은 보이지 않는 것까지 모든 것을 표현할 수 있지만, 동시에 이 세상의 모든 것을 한꺼번에 담을 수가 없거든요. 상대방이 "그거 좀 줄래?"라고 말할 때, 여기에서 '그것'이 의미하는 것은 무엇일까요? 듣는 사람마다 다르게 생각할 수 있지 않나요? 하지만 말하는 사람은 자신의 생각에만 사로잡혀 "그것도 못 알아들어? 말이 안 통해." 하며 듣는 사람만 탓하기도 하지요.

또, 무언가에 집중하고 있는 사람에게 자기 혼자 이야기를 하고 나서는 '지금 내 말 안 듣는 거야? 나를 무시하고 있잖아.' 하며 오해하기도 해요. '소귀에 경 읽기'라는 말도 있지요? 아무리 좋은 의도를 가지고 있다고 해도, 상대방이 알아들을 수 없는 말은 소용이 없어요.

말하는 것이 너무 당연해서 어쩌면 우리는 구구단을 외우거나 수학 문제를 풀 때처럼 골똘히 생각하지 않는지도 몰라요. 습관으로 말하기도 하지요. 그런데 말을 잘하고 싶다면 꼭 알아야 할 것들이 있답니다. 오해를 줄이고 내가 하는 말에 힘을 실어 주는 것들 말이에요.

이 책을 통해 한번 살펴보세요. 지금까지 소통을 하면서 잘하는 점이 있다면 아낌없이 자신을 칭찬하고, 반대로 좋지 않은 습관이나 부족한 점이 있다면 채우고 고치려고 노력해요. 물론 아는 것에서 그치지 않고 실제 대화에 적용하는 것이 중요하겠지요? 한 번의 노력으로 모든 게 이루어질 수는 없지만 너무 걱정하지 마요. 하나씩 하나씩, 작은 변화가 차곡차곡 쌓이며 우리를 소통의 달인으로 만들어 줄 테니까요!

박주연

● 차례 ●

작가의 말　6

# 1. 모든 것을 다 담을 수 없는 말

표현할 수 있어서 다행이야　14
모든 것을 다 담을 수 없는 말　20
말로 하지 않는 진짜 의미　23
의사소통은 너와 내가 함께 만드는 것　29
모든 소통은 오해의 소지가 있다　31
의사소통도 꾸준한 연습이 필요해　33

# 2. 소통을 원하는 '나'는 누구인가?

내가 아는 나　40
나를 인정하고 존중하는 나　44
나를 보여 줄게　47
나, 욕구가 있어　51
의사소통의 중심은 바로 나　55

## 3. 경청의 고수도 한 걸음부터

소통은 듣는 것이 먼저 58
듣고 있어도 듣는 게 아니야 62
경청의 장애물 69
리더가 사랑하는 경청 75
경청의 고수되기 79

## 4. 힘이 있는 말

자신감이 담긴 말 96
마음이 흘러야 대화도 흐른다 102
몸짓으로 말에 기운을 팍팍! 107
귀 기울이게 하는 말 111

## 5. 다양한 의사소통 방법

문자로 하는 의사소통 118
경계가 없는 대화의 장, 인터넷 124
편리하지만 어렵기도 한 인터넷 126
네티켓을 지키는 우리 130

## 6. 폭력이 되는 말

소통 따위 필요 없어! … 140
혀 아래 칼을 품은 말 … 144
몸이 반응하는 언어폭력 … 150
옮아가고 커져 가는 거친 말 … 152
온라인의 무법자, 사이버 언어폭력 … 156

## 7. 평화로운 대화

마음을 전하는 비폭력 대화 … 164
관찰한 것 말하기 … 168
느낌 말하기 … 171
욕구 말하기 … 175
긍정적인 언어로 부탁하기 … 179
평화로운 대화 속에 흐르는 우리 마음 … 182

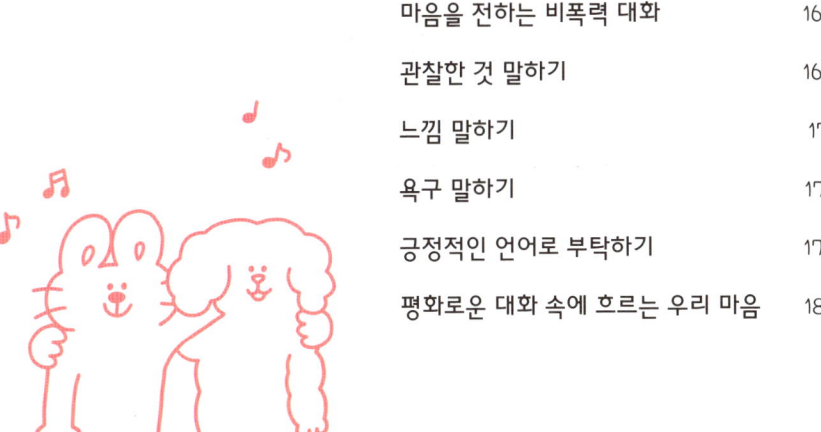

# 1. 모든 것을 다 담을 수 없는 말

표현할 수 있어서 다행이야 · 모든 것을 다 담을 수 없는 말 · 말로 하지 않는 진짜 의미 · 의사소통은 너와 내가 함께 만드는 것 · 모든 소통은 오해의 소지가 있다 · 의사소통도 꾸준한 연습이 필요해

# 표현할 수 있어서 다행이야

우리는 아침에 눈을 떠서 밤에 잠을 잘 때까지, 어제에 이어 오늘도, 내일도, 태어나서 죽을 때까지 다른 사람들과 말을 해. "내일 영화는 세 시에 보는 게 어때?" 하며 의견을 묻기도 하고, "저는 환경 보호를 위해 우리 반에서 일회용 물티슈 사용을 줄여야 한다고 생각합니다." 하고 주장을 펼치기도 하지. 또, "클라리넷은 공기를 불어서 소리를 내는 악기야. 이런 걸 관악기라고 해."라며 정보를 전달하기도 하고, "내가 서운한 게 있었는데 제대로 말도 안 하고 심술부렸어. 미안해."라며 자신의 감정을 전달하기도 해. 언어가 없다면 이런 것들을 어떻게 표현할 수 있을까?

언어는 눈에 보이지 않는 생각이나 느낌, 의견 등 내 머릿속에서 하나둘 떠오르거나 뛰어다니는 의미들을 밖으로 표현할 수 있게 해 줘.

그런데 그거 알고 있니? 우리가 사용하는 언어가 화살표나 숫자처럼 하나의 기호(언어의 기호성)란 사실 말이야.

　위에 그림을 봐. 이 과일을 뭐라고 부르니? 설마 배나 귤이라고 답하는 사람은 없겠지? 맞아, 이 과일은 사과야. 더 정확히 하면 '사과'라는 소리로 부르기로 한 과일이지. 그런데 사실 사과라는 소리 자체에는 아무런 맛도, 색도, 모양도 없어. 그저 '사'라는 소리와 '과'라는 소리를 합쳐 기호로 나타낸 것일 뿐이야. 소리 기호가 없다면 다른 사람에게 이 과일에 대해 말하려고 할 때, 머릿속에는 온통 이 과일의 모습이 떠다니지만 밖으로 표현하기 어려워.

　말은 소리와 뜻이 특별한 관련 없이 합쳐진 것(언어의 자의성)이지만, 그 말을 여럿이 오래 사용하면 고정이 돼. 그리고 그렇게 받아들여진 말은 쉽게 바뀌지 않아. 우리가 사과를 '숟가락'이라거나 '모래'라고 말하지 않는 것처럼 말이야. 언어도 하나의 약속(언어의 사회성)인 셈이지. 그래서 같은 언어를 쓰는 사람들은 의사소통을 할 수 있는 거야.

언어는 밖으로 드러내지 않으면 알 수 없는 머릿속의 생각을 다른 사람이 알아챌 수 있는 방식으로 표현할 수 있기 때문에 편리해. 예를 들어 학교가 끝나고 집에 혼자 가고 싶다는 생각을 전달하고 싶으면, "나 오늘 혼자 가고 싶어."라고 소리를 내면 되지. 어때, 편리하지? 그래서 사람들은 의사소통 하면 가장 먼저 언어를 떠올려. 무엇이든 말로 표현하면 자신의 생각이 그대로 전달된다고 생각하지.

그런데 실제 대화에서는 어떠니? 똑같은 말을 듣고도 어떤 사람은 내 의도대로 이해하는 반면, 어떤 사람은 전혀 다르게 이해하기도 해. 대화를 할수록 오해가 더 생기면서 이해 못 하는 서로를 비난하기도 하고 심지어 큰 싸움이 되기도 하지. 대체 왜 이런 일이 생기는 걸까?

 **TIP** 언어의 다양한 특성

　본문에서 우리는 언어의 세 가지 특성을 살펴보았어. 언어는 소리나 글과 같은 기호로 나타냄을 의미하는 기호성, 뜻과 소리 사이에 특별한 연관 없이 짝이 지어진다는 자의성, 고정된 언어는 마음대로 바꿀 수 없다는 사회성에 대해 말이야. 언어의 특성은 이 외에도 많은데, 그중 언어의 역사성, 규칙성, 창조성을 알아보려고 해.

　먼저 언어는 역사성이 있어. 시간이나 시대의 흐름에 따라 언어는 변화해. 예를 들어 감기(感氣)라는 낱말을 살펴볼까? 옛날에는 감기를 고뿔이라고 불렀어. 고뿔은 순우리말로, 감기에 걸리면 코에서 불이 나는 것처럼 뜨겁다는 것을 표현한 거지. 그러다 한자를 쓰면서 감기라 부르게 되었고, 지금은 고뿔보다 감기라는 말을 더 많이 쓰고 있지.

　또, 새로운 문화나 물건이 생겨나면 이를 부르기 위한 새로운 말도 만들어져. 전화선이 없고 손에 들고 다닐 수 있는 전화기가 발명되면서 '휴대폰' '핸드폰'이라는 단어가 생겨났지. 그러다가 휴대폰에 새로운 기술이 결합되면서 '스마트폰'이라는 또 다른 새로운 말이 탄생했지.

 반대로 사라지는 말들도 있어. 숫자 백(100)을 나타내는 '온', 강을 뜻하는 '가람'은 이전에는 쓰였지만 지금은 거의 사용되지 않아. 물론 이러한 옛말을 살려 쓰려는 사람도 있지만, 현재에 사용되지 않는 단어여서 그 단어의 뜻을 모르는 사람들에게 단어의 뜻을 일일이 설명을 해 줘야 하는 번거로움이 있단다. 소통의 측면에서 볼 때 효율성이 떨어지지.

 이번에는 언어의 규칙성을 살펴보자. 문법이나 맞춤법처럼 언어를 사용하기 위해서는 그 언어의 규칙을 따라야 해. 만약 어느 외국인이 한국말로 "나는 어제 학교에 갈 거예요."라고 말했다고 해 보자. 우리는 이 문장에서 무엇이 틀렸는지 단박에 알 수 있어. '어제'라는 과거의 의미를 담고 있는 단어와 '가다'의 미래 표현인 '갈 거예요'가 같이 쓰여 시제가 맞지 않아. 이번엔 영어를 예로 들어 볼게. '아이 스쿨 고 투(I school go to).'라는 문장에서 잘못된 부분을 찾아냈다면, 영어라는 언어가 가진 규칙성을 알고 있는 거란다. 영어는 우리말과 다르게 주어가 먼저 나오고 그다음에 동사가 나와야 해. 문장을 올바르게 고치면 '아이 고 투 스쿨(I go to school).'이 되는 거지. 언어를 배운다는 것은 이런 규칙을 익히는 것이기도 해.

마지막으로 언어는 창조성이 있어. 한정된 소리로 새로운 단어를 만들고, 또 이런 단어들의 조합으로 서로 다른 문장을 무궁무진하게 만들어 낼 수 있다는 말이야. 예를 들어 '회'와 '사'라는 각각의 소리로 '회사'와 '사회'라는 서로 다른 뜻의 단어를 만들어 내지. 또, 같은 뜻도 표현을 다르게 할 수 있어. 배가 부를 때 "배불러." "배가 터질 것 같아." "내 배 빵빵하지?" "올챙이 배 같아." 등 다양한 문장으로 같은 의미를 표현할 수 있어. '사이다 발언' '꿀잼' 등 신조어도 언어의 창조성을 보여 주는 거란다.

전 세계에는 다양한 언어가 있어. 그중에는 넓은 지역에 걸쳐 사용되는 언어도 있고, 특정 지역에서만 사용되는 언어도 있지. 하지만 어떤 언어든 이런 언어의 특성들을 가지고 있단다.

## 모든 것을 다 담을 수 없는 말

가장 명확한 표현 수단이라고 여겨지는 말은 사실 그 자체에 오해의 소지가 있어.

'사과' 하면 무엇이 떠오르니? '달다' '새콤하다' '씨앗이 있다' '좋은 향기가 난다' '나무에 달려 있다' '둥그스름하다' '빨갛다' '만지면 매끈하다'와 같이 사과의 일반적인 특징을 떠올리거나, '할아버지가 가을에 과수원에서 직접 따 주신 사과' '삼촌이 다이어트할 때 밥 대신 먹었던 사과'와 같이 경험이 바탕이 된 생각이 떠오를 수도 있어.

그런데 '사과'라는 소리를 들었을 때 앞서 말한 사과에 대한 열 가지 표현이 한번에 떠오를 수 있을까? 몇 개는 가능할 수도 있지만, 사람들이 각각 가지고 있는 사과의 의미가 모두 다 떠오르는 건 사실 불가능해. 사람마다 생각하는 사과의 의미가 다를 수 있거든.

하지만 사람들은 흔히 자신이 생각한 사과의 의미가 '사과'라는 소리를 타고 상대방에게도 정확하게 전해진다고 착각하

곤 해. 그래서 상대방이 자신의 의도대로 해석하지 못하면 "무슨 소리야. 어떻게 그런 생각을 할 수 있어?" 하며 오해하고 다투는 일도 생겨나지.

너무 과장하는 것 같다고? 그럼 이번에는 '친구'에 대해서 한번 생각해 볼까? 친구들과 함께 각자 자신이 생각하는 친구의 의미를 적어 보고, 서로 의견을 나누며 비교해 봐. 그러면 다양한 의견이 나올 수 있다는 걸 알게 될 거야.

이처럼 말은 우리가 나타내고자 하는 바를 가장 쉽고 명확하게 표현할 수 있지만, 동시에 모든 것을 다 담을 수 없어. 그렇기 때문에 각자의 입장에서 생각하는 말의 의미가 다를 수 있고, 그로 인해 오해가 생길 수 있다는 것을 알아야 해. 의사소통은 이런 오해를 풀어 가는 과정이라고도 볼 수 있어.

# 말로 하지 않는 **진짜** 의미

말에 모든 의미가 다 담길 수도 없지만, 전달하려는 의미가 반드시 말에 담기는 것도 아니란다. 오히려 말보다 더 의미를 잘 전달하는 의사소통 수단이 있어. 바로 몸짓 언어야. 우리가 말을 할 때 취하는 몸짓이 의미를 전달하는 거지.

대화를 할 때 상대방의 어디를 가장 먼저 보게 되니? 얼굴, 그중에서도 눈 아닐까? 그래, 맞아. 눈빛은 대표적인 몸짓 언어로, 눈은 우리의 마음의 신호를 가장 잘 내보내는 곳이야. 수업 시간에 발표하기 싫을 때는 나도 모르게 선생님과 눈을 안 마주치려고 하지 않니? 시선을 피함으로써 '나를 시키지 않았으면 좋겠다.' 하는 의미를 만들고 있는 거야. 반대로 '나는 발표하고 싶어.'라는 의미를 담고 싶을 때는 적극적으로 눈을 맞추지. 또, 누군가를 째려보는 것은 '너 맘에 안 들어. 미워.' 같은 의미를 담고 있는 거야. 좋아하는 사람이 지나가면 한동안 빤히 쳐다보게 되지 않니? 만약 그 친구가 말을 시키면 부끄러워 똑바로 쳐다보지 못하기도 하고 말이야. '좋아해.' '부끄러워.'라는 진짜 의미가 말이 아닌 시선에 담긴 거지.

 몸짓 언어에는 시선뿐만 아니라 표정, 태도나 자세 등이 있어. 눈과 입의 모양, 얼굴의 근육 등이 함께 만드는 표정에는 그 사람의 마음과 의도가 담겨 있지. 행복, 슬픔, 화, 불안 같은 기본적인 감정을 나타내는 표정은 모든 문화에서 비슷하게 나타나. 영화나 드라마를 소리 없이 화면만 본 적 있니? 정확한 내용은 알 수 없어도, 우리는 드라마 속 주인공들의 표정만으로도 감정을 읽을 수 있어.

머리, 팔, 다리 등 신체의 움직임과 동작도 인간이 언어를 사용하기 전부터 지금까지 꾸준히 의사소통에 사용하는 방법이야. 턱을 괴고 있는 동작으로 '무관심, 지루함'이, 입술을 자꾸 물어뜯는 동작으로는 '불안한 마음'이 드러나.

상대방과의 접촉도 의사 표현이 될 수 있어. 손을 잡거나 안는 동작은 '보고 싶었어.'라는 의미를 전달할 수 있어. 말 없이도 손을 꼭 잡거나 팔짱을 끼고, 어깨동무를 하는 것으로 "우리는 친한 사이야."라는 관계를 나타낼 수도 있지. 그런데 이런 신체 접촉은 실제 관계에 따라 다르게 해석될 수 있어. 친한 사이에서는 친밀한 신체 접촉이 관계를 더 돈독하게 할 수 있지만, 그렇지 않은 사이에서 상대방의 의사가 무시되거나 일방적으로 강요되는 신체 접촉은 불쾌감을 주고 폭력이 될 수 있기 때문에 조심해야 해.

사람과 사람 사이의 물리적인 거리도 의미가 있을 수 있어. 보통 두려워하는 사람과는 멀찍감치 떨어져 있으려고 하지 않니? 관심이 없는 경우에도 거리를 두지. 반면에 친근한 사람은 가까이 다가가게 돼.

우리는 스스로 깨닫지 못하더라도 대화에서 몸짓 언어를 자주 사용하고 있어. 그런데 말은 의식적으로 생각해서 하는 경우가 많은 반면, 몸짓은 대개 무의식적으로 나타나. 그래서 내가 지금 어떤 몸짓을 하고 있는지 스스로 깨닫지 못하는 경우가 많지. 말의 내용과 몸짓이 나타내는 의미가 일치할 때도 있지만 그렇지 않은 경우도 있어. 이런 경우에 상대방은 의미를 다르게 해석할 수 있어. 말과 몸짓이 일치하면 듣는 사람은 말의 내용을 그대로 진실하게 받아들이지만 말하는 내용에 걸맞지 않은 몸짓일 경우에는 말보다는 몸짓이 의미하는 바에 따라 해석될 가능성이 커. 또박또박 들려도 소리인 말에 대한 신뢰가 오히려 낮은 셈이지.

예를 들어 볼까? "고마워."라는 말을 웃는 표정으로 할 때와 떨떠름한 표정으로 할 때, 의미하는 바가 똑같게 느껴지니? 웃는 얼굴로 고맙다고 한다면 말 그대로 고마움을 표현한다고 해석되지만, 떨떠름한 표정으로 고맙다고 한다면 '고맙지도 않은데 고맙다고 거짓말을 하나 보네.'처럼 탐탁지 않은 마음이 담겨 있다고 해석할 가능성이 크지.

또, 친구가 "나 화났어."라는 말을 우스꽝스러운 표정을 지으면서 한다면 우리는 그 말이 진짜 화가 난 것이 아니라 장난을 치고 있다고 해석할 수 있어. 하지만 얼굴을 붉히거나 싸늘한 목소리로 말한다면 진짜 화가 났다는 걸 알아채겠지.

미국의 심리학자 머레이비언이 발표한 '머레이비언의 법칙'에 따르면, 대화를 나눌 때 듣는 사람은 말하는 사람의 몸짓에서 55퍼센트, 목소리에서 38퍼센트, 대화 내용은 7퍼센트 정도를 참고해 의미를 해석한다고 해. 그러니까 말하는 사람의 표정이나 몸짓이 듣는 사람이 의미를 해석하는 데에 가장 큰 영향을 주고, 그다음이 목소리, 가장 영향력이 적은 것이 바로 말의 내용인 거지.

보통 내용만 말로 전달하면 소통이 잘될 거라 생각할 수 있어. 하지만 실제 대화에서는 말의 내용만으로 의도를 온전하게 이해하기는 힘들거나 오해가 생길 수도 있다는 것, 이제 이해할 수 있겠지?

# 의사소통은 너와 내가 **함께** 만드는 것

　우리가 말하는 이유로 다시 돌아가 볼까? 우리는 의사소통을 위해 대화를 한다고 했잖아. 그런데 친구들은 의사소통이 어떤 것인지 정확하게 알고 있니? 내가 하고 싶은 말을 하는 것? 내 주장대로 사람들이 따르게 하는 것? 막힘없이 술술 말하는 것? 이렇게 생각한다면 의사소통을 오해하고 있는 거야.

　의사소통은 '의사'와 '소통'이라는 두 단어가 합쳐진 말이야. 의사는 '무엇을 하고자 하는 생각'이고, 소통은 '뜻이 서로 통하여 오해가 없음'을 뜻해. 즉, 말이나 행동을 통해 상대에게 자신의 뜻을 전달하거나 상대의 뜻을 알아듣는 일을 말하지. 의사소통은 영어로 커뮤니케이션(communication)이라고 하는데, '공통, 공유'를 뜻하는 라틴어 커뮤니스(communis)에서 왔어. 같은 것을 함께 갖는다는 뜻이야.

　의사소통을 연구한 교육학자 슈람은 의사소통을 하는 것은 '서로가 공통적인 것을 만들려는 행동'이라고 정의했어. 원래부터 같은 경험이 서로에게 있는 게 아니라, 의사소통을 하며 같은 경험을 만들어 간다는 거지.

　대화에는 말하는 사람과 듣는 사람이 있어. 말하는 사람은 자신이 전달하고자 하는 내용을 기호인 '언어'로 표현해. 여기에는 앞에서 살펴본 대로 소리뿐 아니라 몸짓도 포함돼. 그러면 듣는 사람은 소리를 듣고, 소리로 표현된 내용의 의미를 파악하지. 말하는 사람의 몸짓도 해석하면서 말이야. 그러고 나서 자신의 반응을 말한 사람에게 전달해. 여기에도 말은 물론이고 몸짓도 사용될 수 있지.

　실제 대화에서 한 사람의 역할이 고정 되어 있는 것은 아니야. 먼저 말을 시작했다고 해도, 자기의 말이 끝나면 듣는 역할을 하게 되면서 상대방과 순간순간 역할이 바뀌게 되지. 그렇기 때문에 어느 한쪽의 역할만 한다면 소통이 잘 이루어지지 않아. 듣기와 말하기 두 역할이 조화를 이루고, 그 역할들이 제대로 수행되었을 때 비로소 제대로 된 의사소통이 이루어질 수 있어.

# 모든 소통은 **오해**의 소지가 있다

　말을 하는 사람은 자기가 아는 것, 경험한 일을 토대로 이야기해. 다시 말해 말하는 사람이 전혀 알지 못하는 것이나 경험하지 않은 일을 말하는 것은 사실 불가능하다는 거야. 그래서 앞서 예로 든 '사과'에 대해 이야기할 때도 이 세상에 존재할 수 있는 사과의 의미 중에서 단 하나, 즉 말하는 사람이 나타내고자 하는 단 하나만의 의미를 담게 되는 거지. 그와 동시에 다른 의미들은 모두 사라진다고 할까? 말의 의미가 그 말을 사용하는 사람의 개인적 차원에서 결정되어 버리는 거지.

　그럼 듣는 사람은 어떨까? 듣는 사람 역시 '사과'라는 소리를 들을 때 자신의 개인적 차원에서 이해하게 돼. 자신이 생각하는 의미로 해석하는 거지.

　그래서 말하는 사람과 듣는 사람이 서로 다른 의미로 대화하는 일이 일어날 수 있어. 바로 여기서 오해가 생겨나는 거야.

　물론 이런 오해가 늘 문제나 갈등을 일으키는 것은 아니란다. 하지만 오해의 소지가 있을 수밖에 없는 언어의 한계를 모른다면 갈등이나 문제가 생긴 상황에서 상대방 탓만 하게 될지도 몰라. 문제 해결의 실마리를 찾는 노력보다는 서로를 비난한 채로 대화가 끝날 수 있지.

의사소통 과정에서 의미를 전달하는 것은 말의 내용뿐 아니라 몸짓도 포함된다고 했잖아. 그래서 대화 참여자가 말의 내용에만 주의를 기울이고 서로의 몸짓 의미를 읽어 내지 못한 경우에도 오해가 생길 수 있어. 물론 몸짓 언어를 해석할 때도 오해가 생길 수 있어. 예를 들어, 웃음은 보통 '행복하다' '만족스럽다'와 같은 긍정적인 감정과 연결돼. 하지만 때로는 '불편한' '초조한' 상태를 숨기기 위해 웃음을 짓는 경우도 있단다. 또, 윙크는 감사의 표현, 친절함의 신호라고 해석되기도 하지만, 불안을 드러내는 것으로 해석될 수 있다고 해.

그렇다면 제대로 된 의사소통을 위한 대화란 무엇일까? 바로 언어를 사용하는 우리의 의사소통에는 오해의 가능성이 있으며, 말하는 사람과 듣는 사람 모두 이 점을 알고 오해를 최소한으로 줄이기 위해 서로 노력하는 대화란다.

## 의사소통도 꾸준한 **연습**이 필요해

　대화는 서로의 관점이나 주장, 의견, 느낌을 나누는 과정이지만, 이 대화 자체가 대화를 나누는 각각의 개인에게 영향을 주기도 하고, 서로의 관계에도 영향을 주게 돼.

　예를 들어, 대화를 통해 내가 원하는 대로 상황이 이루어지면 뿌듯하지 않니? 또, 잘 모르는 사람과도 막힘없이 대화를 하면 스스로가 대견하게 느껴지면서 자신감이 생기기도 하지. 내 말을 잘 들어 준 상대방에 대해서는 긍정적인 감정이 생겨나기도 해. 엄청 중요한 이야기를 해서라기보다는 소통을 했다는 만족감이 들기 때문이야. 아무리 중요한 내용이라도 상대방이 이해하지 못한다고 느껴질 때는 그만큼 만족감이 들지 않잖아.

　내가 듣는 입장일 경우에도 마찬가지야. 알아들을 수 없는 말을 하는 사람보다는 내가 이해할 수 있는 말을 하는 사람을 더 가까이하고 싶지 않니? 이처럼 성공적인 의사소통은 말의 이해를 넘어 긍정적인 관계로 이어진단다.

물론 대화를 하는 상대와 일부러 나쁜 관계가 되기를 바라며 말하는 사람은 아마 없을 거야. 다만 서로 의견을 나누는 과정에서 오해를 포함해 여러 가지 요인 때문에 싸움으로 번지는 거지. 사실 싸우기 위해 하는 말은 대화라고 할 수 없어.

의사소통이 성공하느냐 아니냐는 상대방이 내 말을 내가 뜻하는 대로 이해했느냐 아니냐에 달려 있어. 그렇다면 성공적인 소통을 위해서는 어떻게 말해야 할까? 바로 내가 전하고 싶은 내용을 오직 '내가 말하고 싶은 방식'이 아닌, '상대방이 듣고 이해할 수 있는 방식'으로 말하는 거야. 그래야 소통의 성공률이 높아져. 내 의도대로 의미가 전달되지 않았다면 그 말의 책임은 상대방보다는 우선 나에게 있는 거야.

간혹 '나랑 통하는 사람들이 있어. 내가 개떡같이 말해도 찰떡같이 알아듣거든. 그 사람들하고만 이야기기하면 돼.'라고 생각하는 친구들도 있을 거야. 눈빛만 봐도 통하는 사이가 있다는 건 진짜 굉장한 일이야. 하지만 나와 100퍼센트 똑같은 생각을 가지고 있는 사람을 만나는 건 매우 어려운 일이지. 설령 만났다고 해도 그 사람과 평생 모든 일을 함께할 수는 없어.

한 사람이 다른 사람과 관계를 맺는 사회는 가장 작은 단위인 가정에서부터 시작해 학교, 지역 사회 등 자라면서 점점 더

커지고 넓어져. 사회가 커지고 복잡해질수록 더 다양한 사람들, 처음 접하는 낯선 상황들을 만나게 돼. 이전 시대에 비해 지금은 여러 문화권의 사람들이 우리나라에 살고 있기도 하고, 우리가 대한민국을 넘어 세계로 나갈 수도 있지. 또, 인터넷을 통해 집 밖으로 한 발자국 나가지 않고서도 지구 반대편에 있는 사람을 만날 수 있어. 이러한 다양한 의사소통 상황에 효과적으로 참여할 수 있느냐 없느냐는 자신의 의사소통 능력에 달려 있어. 의사소통 능력은 소통을 위해 필요한 기술을 알고 상대방에 따라 효과적으로 적용하는 것이거든.

그런데 의사소통 능력은 시간이 지난다고 저절로 생겨나거나 발전하는 것이 아니야. 오해를 줄이기 위해 내가 잘하고 있는 부분은 더욱 단련하고, 부족한 부분을 채워 가야 하지. 모든 일이 그렇듯 몇 번 노력한다고 뛰어난 의사소통 능력을 바로 갖게 되는 건 아니란다. 또 몇 번의 실패로 포기해야 하는 것도 아니지. 생각해 봐. 프로 축구 선수들은 시합이 없는 날에도 항상 슛 연습을 하지만 시합에서 매번 만족스러운 결과를 얻어 내지는 못해. 때로는 자신을 좌절시키는 상대를 만나기도 하고 말이야. 하지만 좌절하거나 포기하지 않고 다음을 위해 계속 연습하다 보면 앞으로의 시합에서 만족스러운 결과를 얻는

날들이 많아지고 훌륭한 선수가 될 수 있지. 이처럼 소통하는 방법을 익히는 것도 꾸준한 연습이 필요해. 노력들이 차곡차곡 쌓이면 보다 나은 의사소통 능력을 발휘하며 소통을 잘할 수 있게 될 거야.

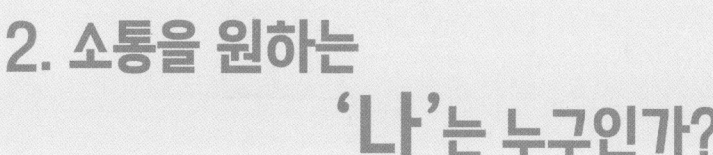

# 2. 소통을 원하는 '나'는 누구인가?

................................................

**내가 아는 나 · 나를 인정하고 존중하는 나 · 나를 보여 줄게 · 나, 욕구가 있어 · 의사소통의 중심은 바로 나**

# 내가 아는 나

　의사소통은 나와 상대방의 관계 위에 존재해. 그래서 소통을 위한 대화를 하려면 사람에 대한 이해가 반드시 필요하단다. 그중에서도 먼저 자신에 대해 잘 알고 있어야 하지.

　나는 나인데, 굳이 알아볼 필요가 있냐고? 앞에서 살펴본 언어의 한계를 다시 떠올려 보자. '사과'라는 말에는 사과에 대한 모든 의미를 다 담을 수 없고 이에 따라 오해가 생길 수도 있다고 했던 거 기억나니? 말하는 사람과 듣는 사람이 각자 자신이 가지고 있는 의미로 해석한다고 했잖아. 즉, 대화하는 '나'는 자연스럽고 당연하게 '내가 알고 있는 사과'로 말하고 듣게 되는 거야. 일부러 오해를 만들려고 하는 게 아니라도 말이야. 또, 사람은 자신이 가지고 있는 믿음이나 신념에 따라 다른 사람을 대하는 태도가 달라지기도 해. 그 태도가 말이나 행동으로 드러나면서 소통이나 인간관계에도 영향을 미치지.

　그럼 지금부터 의사소통의 중심에 있는 '나'를 알아볼까? 이미 자신을 잘 안다고 생각하지 말고, 전혀 처음 보는 사람을 관찰한다고 생각하며 솔직하게 점검해 보는 게 중요해. 먼저 자아 개념을 알아보자. 자아 개념은 나 자신에 대한 나의 관점을 말해. 다시 말해 나는 어떤 사람인가에 대한 답을 스스로 하는 거야. 여기에는 '작은 키' '마른 체형' '곱슬머리'와 같은 신체적 특징도 있고, '신나는 음악을 좋아한다.' '뛰어노는 것보다 조용한 곳에서 책 읽는 것이 좋다.' '꼬마라고 불리는 게 싫다.'와 같은 취향이나 감정, '손으로 만들기를 잘한다.' '친구들에게 인기가 많다.' '동생을 잘 돌보는 누나'처럼 재능, 가치, 역할 등 여러 면에서 바라본 모습이 들어가. 또, '사람들은 내가 겁쟁이라고 생각한다.'처럼 다른 사람의 의견을 담은 것도 있지. 우리는 자신의 여러 가지 모습에서 어떤 것은 장점이고, 어떤 것은 단점이라고 스스로 정하기도 해.

그런데 똑같은 모습에 대해서 사람마다 다르게 판단하기도 해. 예를 들면 무언가를 결정할 때 시간이 많이 걸리는 경우, "나는 결정할 때 신중한 편이야."라며 긍정적으로 생각할 수 있는 반면, "나는 결정도 잘 못해. 바보 같아."처럼 자신을 부정적으로 여길 수도 있어. 물론 여기에는 정답이 있는 건 아니야. 자신이 그렇게 판단하고 있다는 것일 뿐이지.

자아 개념은 태어날 때부터 정해지는 것이 아니야. 다른 사

람과의 상호 작용을 통해 만들어지기 때문에 살아가면서 끊임없이 변할 수 있어.

그런데 자신을 긍정적으로 보느냐, 부정적으로 보느냐는 우리의 의사소통에도 영향을 미쳐. 자신을 표현하거나 상대방을 대하는 태도가 달라질 수 있거든. 자신에 대해 긍정적으로 생각하는 사람은 자기 생각이나 의견을 솔직하고 적극적으로 드러내. 그리고 자신만의 의견이나 편견에 사로잡히지 않고 다른 사람의 의견도 열린 마음으로 받아들이며 폭넓은 사고를 하려고 하지. 상대방의 의견을 통해 자신의 의견을 수정하거나 발전시키고 문제가 있을 경우는 서로를 위한 방법들을 함께 찾아가려고 해.

반면 자신을 부정적으로 생각하는 사람은 보통 자신을 드러내는 것을 꺼려 해. 자신의 생각이나 느낌, 의견은 쓸모없거나 가치 없다고 생각하고, 실패에 대한 두려움 때문에 적극적으로 대화하지 않지. 또, 자신과 다른 의견 자체에 방어적인 태도를 취하거나 의도를 쉽게 왜곡할 가능성도 있어. 의견이 다른 것일 뿐인데, 자신에 대한 비난으로 생각하거든. 심지어는 칭찬도 받아들이려 하지 않아. 무슨 꿍꿍이가 있는 건 아닌지 의심부터 하지. 이렇게 되면 제대로 된 의사소통이 어렵겠지?

# 나를 **인정**하고 **존중**하는 나

　자기 수용은 자아 개념인 자신의 모습을 있는 그대로 인정하는 마음이야. 자신이 생각하는 자신의 장점과 단점 모두 말이야. 누구나 자신의 장점은 쉽게 인정해. 다른 사람에게 자랑하고 싶어 하기도 하지. 그런데 단점에 대해서는 어때? 잘하는 것도, 자랑할 수 있는 것도 아닌데 왜 인정해야 하냐고 생각하지는 않니? 그래서 대개 자신의 부끄럽거나 부족한 모습을 꼭꼭 숨기려고 하지. 그런데 모자라거나 부끄럽다고 생각하는 내 모습을 빼면 그게 진짜 나일까? 나를 인정한다는 것은 자신이 생각하는 부족한 자기 모습도 지금의 자신으로 인정하는 거야.

　사람들은 자신만 알고 있는 모습과 남들에게 보이기 위해 꾸며진 모습을 동시에 가지고 있어. 그런데 다른 사람에게 인정받기 위해 꾸며진 모습만으로 상대방을 대하면 감춰 놓은 자신의 모습이 혹시라도 탄로 날까 불안한 마음이 생길 수밖에 없어. 더 꼭꼭 숨기기 위해 진심이 없는 말이나 거짓말을 늘

어놓게 되기도 하지. 이렇게 되면 관계의 기본인 서로에 대한 신뢰를 쌓기가 힘들어져.

 자신의 모습 그대로를 받아들이는 것은 자신이 어떤 모습일지라도 내가 제일 먼저 내 편이 되는 것과 같아. 나 스스로 자신을 조건에 상관없이 한 사람으로서 소중한 가치가 있는 사람이라고 인정하는 거지. 이런 마음이 바탕이 되어야 상대방도 나이, 외모, 능력 등에 상관없이 나와 똑같은 한 사람으로서 가치가 있다고 인정할 수 있어. 그렇게 되면 서로의 차이를 인정하고 존중하는 태도로 대화에 임할 수 있게 된단다.

 또, 내가 싫어하는 나의 모습을 부정하거나 무시하지 않고 자기 수용으로 인정하면 그 모습을 바꿔 나갈 수 있어. 무엇을 고치고 싶은지 알아냈으니까 말이야. 어떻게 고쳐야 하는지만 고민하면 되는 거지.

# 나를 보여 줄게

　자기 개방이란 '나'를 상대방에게 드러내는 것을 말해. 의견이나 느낌, 생각 등 '나'에 대한 모든 정보가 될 수 있지. 우리는 대화를 하면서 의도하든 의도하지 않든 자신을 드러내게 되는데, 이 자기 개방은 의사소통에 영향을 준단다. 어떤 영향을 어떻게 주는지 미국의 심리학자 조셉 루프트와 해리 잉햄이 연구한 '조해리의 창'을 통해 구체적으로 살펴볼까?

　조해리의 창은 '나'에 대한 모습을 '내가' 알고 있는지 여부와 다른 사람들이 알고 있는지 여부에 따라 '개방된 나' '가려진 나' '숨겨진 나' '미지의 나', 이렇게 네 영역으로 나누고 있어.

　우선 '개방된 나'는 자신과 상대방 둘 다 알고 있는 나의 모습이야. 이 영역이 클수록 '나'에 대한 오해의 소지가 적어. 예를 들어, 친구가 나한테 당근 알레르기가 있는 걸 안다면 내가 반찬에서 당근을 골라내는 모습을 보고 "너 왜 당근 안 먹어? 편식하는구나!" 하며 오해하는 상황이 일어나지 않겠지.

　두 번째, '가려진 나'는 다른 사람은 잘 알지만 정작 자신은 인식하지 못한 나의 모습이야. 예를 들어, 긴장을 하면 나도 모르게 다리를 떠는 버릇이 있다고 해 보자. 나는 나의 이런 모습을 알지 못하는데, 친구는 나의 이런 모습을 알고 있는 거야.

세 번째, '숨겨진 나'는 자신은 잘 알지만 다른 사람은 잘 모르는 나의 모습이야. 스스로 드러내기 전이거나 드러내고 싶지 않아 감춘 모습이지. 이 영역이 크면 나에게 어떤 문제가 생겼을 때 상대방은 그 이유를 알 수 없어 함께 해결해 주기 힘들어.

마지막 '미지의 나'는 나도 모르고 남도 모르는 모습이야.

사람은 이 네 가지 모습 모두를 가지고 있는데, 그 비율은 각자 달라. 이 중에서 가장 소통이 잘되는 영역은 바로 '개방된 나'의 영역이란다. 만약 소통이 잘 안 된다면 자신의 자기 개방 정도를 확인한 다음 개방된 영역을 좀 더 넓히면 소통에 도움이 될 수 있어. 게다가 내가 먼저 내 모습을 솔직히 드러내고 나면 상대방도 믿음을 갖고 자기 개방을 할 수 있단다. 서로가 서로에 대해 더 잘 안다면 오해가 줄어들게 되겠지?

그런데 사람들은 자기 개방의 효과를 알면서도 자기 개방을 두려워해. 상대방에게 굳이 알리고 싶지 않은 것들이 알려지는 게 두렵고 불편하기 때문이야. 게다가 자신이 원하지 않

는데도 억지로 자기를 드러내야 한다면 그 자체가 큰 부담이 되지.

그렇다면 자기 개방은 어떻게 해야 효과적일까? 먼저 상대방이 어떤 사람이며 나와 어떤 관계를 맺고 있는지를 고려해야 해. 나와 가깝거나 나에게 의미가 있는 사람이라면 그 사람이 관심을 가지고 있는 주제에 대해 자기 개방을 하면 좋아. 공감대가 생겨 이해의 폭이 넓어지거든. 하지만 누군지 잘 모르는 사람에게 나에 대한 정보, 예를 들어 집 주소나 전화번호 등을 알려 주는 건 좋지 않아. 위험한 상황이 생길 수도 있거든.

또, 소통에 도움이 되는 자기 개방인지 생각해 보아야 해. 자기 의견을 솔직하게 말한다면서 "너 바지 진짜 촌스러워. 센스 꽝이다."라고 말한다면 상대방이 "솔직한 의견 고마워."라며 받아들일까? 솔직하게 말하는 것과 무례한 것은 달라.

그리고 무엇보다 중요한 건, 자기 개방의 결과에 따른 책임은 자신에게 있다는 걸 명심해야 해. 그러니까 상대방에 대한 믿음이 있을 때, 내가 감당할 수 있는 정도로 자기 개방을 시도하는 것이 좋겠지?

# 나, **욕구**가 있어

우리는 자신을 표현하기 위해 말을 하는데, 그 말에는 자신이 필요로 하는 것들이 반영되어 있어. 이런 것들을 '욕구'라고 해. 욕구는 사람마다 다르겠지만, 모두가 공통적으로 가지고 있는 것들도 있어. 그렇기 때문에 사람의 욕구를 이해하는 것은, 나뿐 아니라 상대방을 이해하는 데 필요하단다.

미국의 심리학자 매슬로는 인간의 욕구를 5단계로 나누었는데, 각 단계의 욕구는 아래 단계가 충족되어야 다음 단계로 넘어갈 수 있다고 설명했어. 그럼, 우리 모두가 가지고 있는 욕구에는 어떤 것들이 있는지 한번 알아볼까?

1단계는 생리적 욕구로, 음식을 먹거나 잠을 자고 싶은 것처럼 사람이 생명을 유지하기 위해 필요로 하는 가장 기본적인 욕구지.

2단계는 안전에 대한 욕구야. 누구나 안전하게 살 수 있는 생활과 환경을 원해. 집과 같은 물리적 환경은 물론, 심리적인 환경도 포함돼. 다른 사람으로부터의 위협이나 폭력, 범죄로

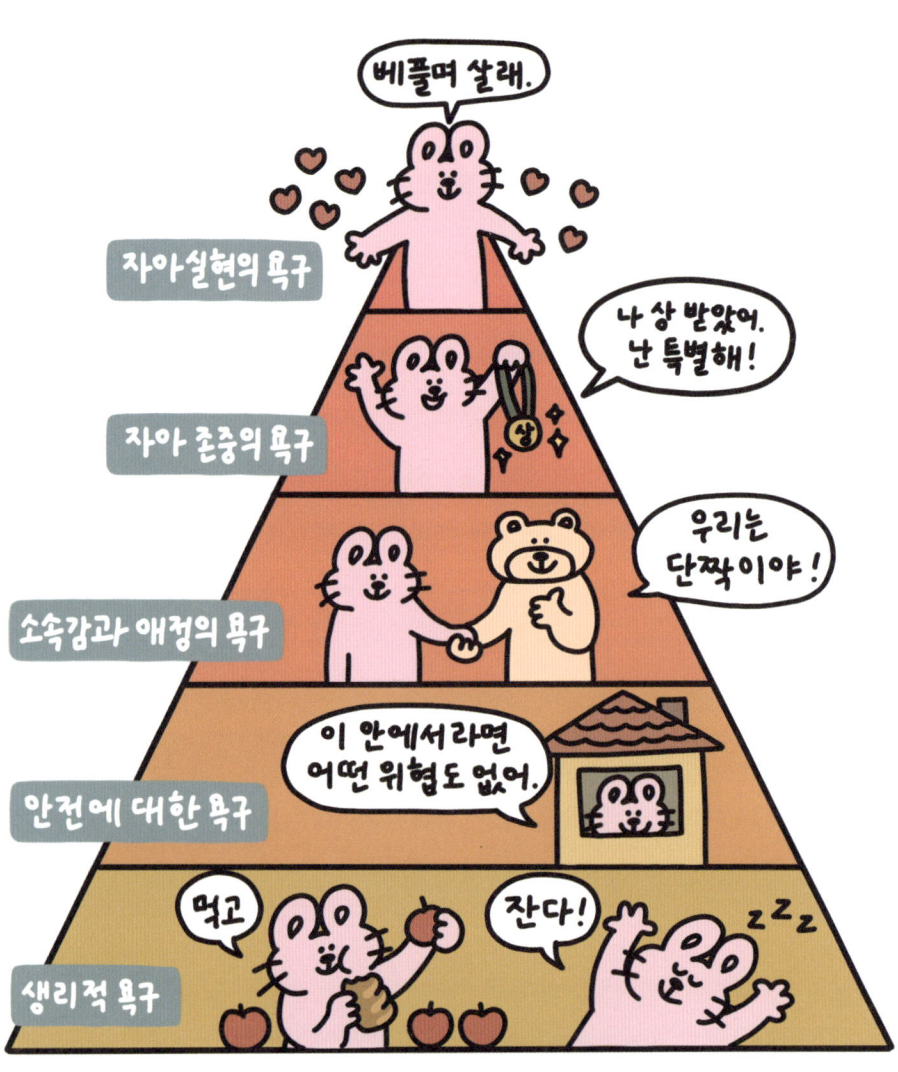

부터 안전하고 자유롭고 싶은 건 누구나 마찬가지겠지?

　3단계는 소속감과 애정의 욕구, 즉 혼자가 아닌 다른 사람과 관계를 맺고 싶어 하는 욕구야. 학교나 동아리, 종교 모임, 어른이라면 직장이나 동호회 등 어떤 모임에 속했을 때 안정감을 느끼고 싶어 하는 마음이야. 친구와 우정을 쌓거나 이성과 사랑을 하고 싶은 욕구도 이 단계에 해당돼. 다른 사람과의 관계 속에서 나의 정체성을 확인하는 거지. 친한 친구와 모자, 팔찌 등 똑같은 아이템을 맞추거나 동호회에서 유니폼을 맞추는 것도 이런 욕구를 드러내는 방식이란다.

　4단계는 자아 존중의 욕구야. 이 단계에서는 다른 사람의 관심과 인정을 받기를 원하지. 단순한 소속감이 아닌, 무언가를 잘해서 좀 더 특별한 사람이 되고 싶어 해. 학교에서 상을 받고 싶어 한다거나 축구 시합에 주전 선수로 선발되고 싶어 하는 마음처럼 말이야.

　마지막 5단계는 자아실현의 욕구야. 이전 단계의 욕구들이 어느 정도 충족되면, 다른 사람의 기준을 떠나 스스로의 만족을 위한 자기 계발을 하거나 자신의 뜻대로 능력을 발휘하고자 하지.

　매슬로는 모든 사람이 이러한 욕구들을 만족시키려고 한다고 보았어. 그래서 각자가 갖고 있는 다양한 욕구들을 고려하지 않고 배려하지 않을 경우에는 갈등과 문제가 생기게 되는 거야.

의사소통을 하는 것 자체도 다른 사람과 관계를 맺고 나의 존재를 인정받고 싶은 욕구와 관련이 있어. 그렇기 때문에 나의 욕구만을 주장한다면 상대방은 자신이 무시당한다고 생각하게 돼. 반면 내가 상대방을 인정하면 상대방은 만족과 편안함을 느끼고 나에게 마음의 문을 열 수 있지. 그렇게 되면 서로 의견이 달라도 대화를 통해 의견을 조율하며 최선의 방법을 찾아갈 수 있어. 소통을 위해서는 나와 상대방의 욕구를 인정하고 배려하는 자세가 필요하단다.

## 의사소통의 중심은 바로 나

　지금까지 의사소통의 중심이 되는 '나'를 알아보는 방법을 살펴보았어. 어때? 새로 발견했거나 혹은 그동안 부정하다가 인정하게 된 나의 모습이 있니? 자신의 부족한 부분을 인정하면 더 나아지기 위한 방법을 찾을 수 있어. 만약 의사소통이 잘 되지 않아 친구들과의 관계가 불편하다면, 다른 사람들이 나를 이해하지 못한다고 탓하는 게 아니라 자신의 의사소통 과정을 점검하며 부족한 점을 찾아보도록 하자. 그리고 연습을 통해 보다 나은 소통의 기술을 갖도록 노력하는 거야.

　'의사소통의 중심이 나'라는 말은, 내 마음대로 모든 것을 해도 된다는 걸 의미하는 게 아니야. 소통을 위해 내가 가장 큰 노력을 하겠다는 책임감 있는 태도를 가져야 한다는 뜻이지. 즉, 서로의 차이를 인정하고 상대방을 존중하며, 상황에 따라 적절한 의사소통 기술을 사용해 나를 솔직하게 표현할 줄 알고 상대방도 제대로 이해할 수 있는 '능동적인 내'가 되어야 원활한 의사소통이 이루어질 수 있어.

# 3. 경청의 고수도 한 걸음부터

소통은 듣는 것이 먼저 · 듣고 있어도 듣는 게 아니야 · 경청의 장애물 · 리더가 사랑하는 경청 · 경청의 고수되기

# 소통은 듣는 것이 먼저

　소통을 잘하는 사람은 어떤 사람일까? 이에 대한 답변을 하기 전에 먼저 고대 그리스 철학자 소크라테스의 일화를 들려줄게. 소크라테스는 웅변술의 대가였어. 그래서 그에게 말하기 기술을 배우려는 사람들은 늘 줄을 이었지. 그러던 어느 날 한 젊은이가 소크라테스를 찾아와 제자가 되고 싶다면서 자신의 이야기를 한참 동안 했어. 소크라테스는 가만히 듣기만 했지. 젊은이가 "선생님의 가르침을 받고 싶습니다."라고 말하며 이야기를 마치자 그제야 소크라테스는 입을 열었어. "여보게, 자네는 수업료를 두 배로 지불해야 하겠네." 젊은이는 억울했어. 자기에게만 수업료를 두 배나 내라고 하니까 말이야. 그 이유를 따져 묻자 소크라테스는 이렇게 말했어. "자네를 가르치려면 두 가지를 가르쳐야 하기 때문이지. 첫 번째는 귀를 활용하는 법이고, 두 번째는 혀를 올바르게 사용하는 법일세."

　우리는 흔히 대화를 할 때 내 생각이나 마음을 효과적으로 표현하는 것이 가장 중요하다고 생각해. 하지만 소통의 시작은 말하기가 아닌 듣기에서 시작된단다.

만약 상대방이 내 말에 귀를 기울이지 않는다고 하자. 이것이 무조건 듣는 사람의 잘못이라고 단정할 수 있을까? 상대방이 이미 다른 것에 몰두하고 있었는데 내가 말을 시킨 거라면? 혹은 상대방이 중요한 말을 하고 있었는데 내가 끼어든 것이라면? 말하고 싶다는 마음만 앞설 경우 이런 상황을 파악하기 어려워.

그렇다면 상대방이 내 말을 듣고 있고, 내가 하고 싶은 말을 다했다면 소통이 잘된 걸까? 반드시 그렇지는 않아. 하고 싶은 말을 하는 것은 의사소통에 필요한 과정이지만, 그 자체가 소통은 아니란다. 내가 전하고자 하는 바가 내 의도대로 상대방에게 전해졌을 때가 소통이 된 거지. 말은 모든 것을 다 담을 수 없기에 오해의 소지가 있다는 걸 우린 이미 알고 있어. 그러니까 모자란 부분이나 잘못 전달된 것이 있는지 확인하고 바로잡으면서 대화를 이어 가야 해. 소통은 오해를 줄여 가는 과정을 통해 이루어지는 거니까. 내가 말한 내용과 의도가 얼마나 전달되었는지, 어떻게 전달되었는지 등은 어떻게 알 수 있을까? 상대방의 말이나 행동 같은 반응을 확인하면 되는데, 가장 기본적이고 효과적인 방법이 바로 듣기란다.

듣는다는 것은 무엇일까? 《표준국어대사전》에 나온 '듣다'의 뜻을 살펴보면, 첫 번째 풀이는 '사람이나 동물이 소리를 감각 기관을 통해 알아차리다.'라고 나와 있어. 감각 기관인 귀를 통해 자극으로서의 소리를 인지하는 거지. '빵빵' 하는 자동차 경적이나 '하하하' 하는 웃음, 입으로 나오는 말처럼 세상의 모든 소리 자극을 감지하는 거야. 우리는 특별한 노력을 하지 않아도 이러한 소리를 들을 수 있어.

두 번째 풀이는 '다른 사람의 말이나 소리에 스스로 귀 기울이다.'라고 되어 있어. 여기서 중요한 것은 바로 '스스로'야. 즉, 본인의 의지가 필요하다는 의미지.

　노력하여 듣는다는 것은 무엇일까? 이것은 소리도 물론 들어야 하지만 거기서 머무르지 않고, 주의를 기울이고 그 내용을 적극적으로 이해하려는 노력까지 포함하는 거야. 의사소통을 위해서는 이런 듣기가 기본이란다. 이와 같은 적극적인 듣기를 '경청'이라고 해.

## 듣고 있어도 듣는 게 **아니야**

　자신이 말하지 않고 상대방이 말을 하고 있는 경우, 자신이 상대방의 이야기를 '듣고' 있다고 생각할 수 있어. 말하는 기회가 상대방에게 있는 것은 맞지만, 사실 내가 말을 하지 않는다는 것만으로 상대방의 이야기를 제대로 듣고 있다고 볼 수는 없단다. 듣고 있어도 소통을 위한 경청이 아닐 수도 있기 때문이지.

　경청이 아닌 경우를 여섯 가지로 나누어 하나씩 살펴볼까?

　먼저 '거짓으로 듣기'야. 듣는 척만 할 뿐, 다른 생각에 빠져 실제로는 귀담아듣고 있지 않는 경우지.

◎ **친구에게 가족 여행을 다녀온 이야기를 하는 상황**

A　이번 방학 때 제주도로 가족 여행 갔는데, 거기서 엄청 큰 말을 봤거든. 근데…….

B　(고개를 끄덕이며) 아, 그랬어? 근데 배고프지 않아? 우리 이따 학원 끝나고 떡볶이 먹을까?

'아, 그랬어?'라며 호응을 하긴 했지만, 그 뒤에 바로 떡볶이 이야기를 한다는 건 상대방의 말을 제대로 안 들었다는 증거지. 이런 경우는 대개 상대가 말한 내용과 전혀 상관없는 말을 하다가 탄로가 나기 쉬워.

두 번째는 '독점하기'야. 상대방에게 주의를 기울이는 게 아니라 자기가 중심이 되려고 하는 거지. 그러기 위해 대화의 주제를 자기에게 돌리거나 말을 가로막아.

◎ **친구와 싸워 속상한 마음을 다른 친구에게 말하는 상황**

A 재원이랑 어제 다퉜어. 오늘 나한테 인사도 안 하더라.

B 친한 친구라도 가끔 다툴 때가 있잖아. 나도 저번에 민희랑 싸웠는데 금방 화해했거든. 이번엔 우정 팔찌도 맞췄어. 민희가 실로 직접 만들어 준 거야. 예쁘지?

친구와 싸운 속상함을 토로하고 있는데 자기 이야기만 하고 있지? 대화의 주제를 자기에게로 돌리는 것 역시 경청이라 할 수 없어.

세 번째는 '골라 듣기'야. 자신이 관심 없는 것은 아예 들을 생각도 않고, 관심 있는 일부만 골라 듣는 경우야.

◎ **친구가 보낸 사진 때문에 아빠한테 혼났다는 말을 하는 상황**

A 네가 보낸 이상한 사진 때문에 아빠한테 엄청 혼났어. 다신 보내지 마.

B (A에게 사진을 전송하며) 아, 알겠어.

A 뭐야, 왜 또 사진을 보내? 이런 사진 보내지 말랬잖아.

B 언제?

A 사진 때문에 아빠한테 혼났다고 방금 전에 말했잖아.

B 그랬냐? 난 사진 얘기하기에 사진 달라는 줄 알았지.

　A가 전하고자 하는 말의 핵심은 B가 보낸 사진 때문에 아빠한테 혼났다는 거야. 그런데 B의 관심은 오로지 사진에만 있다 보니 사진이라는 단어만 듣고 또다시 A에게 사진을 보내 버린 거지. 이 역시 제대로 들었다고 할 수 없겠지?
　네 번째는 '방어적 듣기'야. 실제로는 그렇지 않은 상황에서 다른 사람들이 자기를 존중하지 않고, 좋아하지 않는다고 생각하며 내용을 부정적으로 판단하는 거야.

◎ **쉬는 시간이 얼마 남지 않은 상황**

A 나도 그 게임 좀 하자.

B (시계를 본 후) 다음에.

A 왜 다음이야? 내가 못할 것 같아? 나 무시하냐?

    B는 쉬는 시간이 얼마 남지 않아 A가 게임을 할 시간이 부족할 것 같다는 생각에 다음에 하라고 이야기한 건데, A는 현재 상황이나 의도를 파악해 보려고 하지 않고 그저 부정적으로만 해석해 버린 거지.

    방어적 듣기와 반대로 '공격용 듣기'도 있어. 상대를 이해하기 위해서가 아니라 상대를 공격할 구실을 찾기 위해 주의를 기울여 듣는 경우지.

◎ **학급 회의 중 자신의 의견에 반대해 화가 나 있는 상황**

A 한 주 동안 살펴보니까 다른 반 친구를 우리 교실에 못 들어오게 하는 건 현실적으로 힘든 것 같아. 혹시 다른 좋은 의견 있니?

B 무슨 소리야? 네가 무조건 들어오지 못하게 해야 된다며. 지난 회의 때 한 말이랑 앞뒤가 안 맞잖아!

A 나도 정확하지 않을 수 있으니까 일주일 동안 실천해 보고 다시 이야기하자고 했었잖아.

B 쳇, 제대로 알지도 못하는 게.

A는 다른 대안을 찾고자 이야기를 나누고 있어. 그런데 B는 대안을 찾기보다는 A를 어떻게 공격해야 할지 찾으려고 A의 말에 귀 기울이고 있는 거야. 소통을 위한 대화를 하고 있다고 볼 수 없어.

마지막 경우는 '내용만 듣기'야. 말 그대로 소리로 들리는 내용만 듣고, 사람의 마음은 읽지 못하는 거야.

◎ **엄마가 아프셔서 약속을 취소하는 상황**

A 오늘 영화 보러 못 갈 것 같아. 엄마가 아프셔서 내가 동생을 봐야 할 것 같거든.

B 그래? 취소도 할 수 없는 표인데……. 알았어. 빨리 같이 볼 사람을 찾아야겠다.

대화 내용만 본다면 함께 영화를 보러 가지 못한다는 것이 핵심이 맞아. 그러나 A의 말에는 엄마가 아프셔서 어쩔 수 없이 가지 못하게 된 상황에 대한 안타까움과 속상함이 담겨 있는데, B는 그 마음을 전혀 읽지 못하고 있지. 말의 뜻은 제대로 이해했지만 그 속에 담긴 상대의 마음까지 헤아려 주지 못하는 것이 과연 경청이라고 할 수 있을까?

지금까지 살펴본 여섯 가지 경우는 모두 본인은 듣고 있다고 생각하겠지만 진정한 듣기, 경청은 아니야. 상대방의 말을 들을 때 경청하지 않으면 말하는 사람이 무엇을 의도하는지 제대로 파악할 수가 없고 오해가 생길 수 있어. 또, 이런 듣기 태도는 말하는 사람의 감정을 상하게 할 수도 있지. 상대방이 자신의 말에 귀 기울이지 않고 있다고 생각되면 마음이 상하잖아. 그러면 관계에도 좋은 영향을 줄 수 없어.

# 경청의 장애물

무엇이 경청의 장애물이 되는 걸까? 먼저 듣는 사람이 자신의 생각에 빠져 있으면 다른 사람의 말에 집중을 할 수가 없어. 또, 상대방이 무엇을 말할지 안다고 생각해 버리거나 선입견을 가지고 있을 때도 경청이 잘되지 않아. 상대방의 마음을 읽는 것이 아니라 자기 마음대로 판단하기 때문에 오해가 일어날 가능성이 커지지.

듣는 사람의 감정도 영향을 줄 수 있어. 사람에 따라 특정 단어나 표현에 긍정적 혹은 부정적 감정이 강하게 일어나는 경우가 있어. 이때 그 감정에 휩싸이게 되면 말하는 사람이 무엇을 전하고 싶은지, 어떤 의도로 그 단어나 표현을 썼는지 제대로 파악하기 힘들어. 상대방의 의도를 읽기보다는 감정적으로 대응을 하게 되기 쉽거든.

미국의 커뮤니케이션 전문가 로버트 볼턴은 사람의 감정으로 사실이 왜곡될 수 있다는 것을 보여 준 한 실험을 소개했어. 이 실험은 외국의 어느 기업이 임원을 상대로 한 교육 과정에서 이루어졌어.

　교육을 담당한 강사는 프로젝터를 이용해서 강의실 안에 있는 사람에게 아래와 같은 그림을 보여 주었어. 그리고 프로젝터를 끈 다음, 강의실 밖에 있던 사람 중 한 명을 들어오게 했고, 그림을 본 사람이 새로 들어온 사람에게 자신이 본 그림을

설명하게 했지. 설명이 끝나면 다시 밖에 있던 새로운 사람 한 명을 들어오라고 하고, 바로 앞서 설명을 들은 사람에게 자신이 들은 그림을 다시 설명하게 했어. 이런 방식으로 줄줄이 총 다섯 명의 새로운 사람에게 그림 설명을 했단다. 그러고 나서 강사는 마지막 사람에게 그 사람이 들은 그림의 내용을 말해 보라고 했고, 마지막 사람은 이렇게 이야기했어.

"작업복을 입은 흑인과 양복을 입은 백인이 있었어요. 흑인과 백인은 싸우고 있었는데, 그 자리에 있던 몇몇 사람은 싸움에 동참했고, 몇몇 사람은 겁을 먹고 떨고 있었어요. 그리고 흑인의 손에는 칼이 있었지요."

그림을 다시 한 번 봐 봐. 어때? 마지막 사람이 설명한 내용과 그림이 전혀 다르지? 겨우 다섯 명을 거쳤을 뿐인데 말이야. 백인과 비교해 '흑인'이란 단어에 대한 부정적인 감정을 가진 사람들의 그릇된 판단으로 사실과 다른 결과가 나온 거야.

이러한 사실 왜곡이 반복되는 걸 막기 위해서는 내가 듣기만 해도 감정이 불쑥 일어나는 단어나 표현이 있는지 점검해 보면 좋아. 가족이나 친한 친구 등 나에게 영향을 끼치는 사람들에게 배워 나도 모르게 감정적으로 대하는 단어들도 있을 수 있어. 그 말을 미리 알고 있으면, 그 말이 나온 상황에서 생각하지 않고 감정적으로 반응하는 것을 줄일 수 있단다.

예전에 우리나라는 지역감정이 굉장히 심했어. 그래서 많은 사람이 특정 지역을 나타내는 말에 민감하게 반응을 했지. 지금은 많이 사라졌지만 자신의 고향과 경쟁 구도를 이룬다고 생각하는 지역에 대한 비판적인 성향이 아직도 어느 정도 남아 있어. 이런 감정이 생긴 데는 역사적, 사회적 이유가 있지만, 문제는 이런 감정 때문에 사실 왜곡이 일어날 수 있다는 거야. 단순히 장소로써의 지역을 언급하는 것에도 감정적으로 반응하며 내용 파악은 하지 않고 무조건 '안 돼!' '싫어!' 하고 외치는 것처럼 말이야. 그래서 경청을 위해서는 평소에 내가 특정 단어나 표현에 감정적으로 반응하지 않는지 더욱더 확인할 필요가 있어.

또, 경청은 들리는 대로 듣는 수동적인 태도가 아니야. 다른 사람의 말에 집중하고, 의미를 파악하기 위해 노력하고, 나의 노력을 상대방이 느낄 수 있도록 반응하는 복합적이고 적극적인 과정이야. 그래서 많은 에너지가 들지. 그렇기 때문에 피곤하거나 배고프고 졸릴 때는 경청에 노력을 쏟기가 쉽지 않아.

그리고 들어야 하는 내용이 너무 많거나 복잡한 경우에도 경청하기가 어려워. 아무리 주의를 기울여 들으려 해도 듣는

사람에게 무리가 될 수 있거든.

마지막으로 대화가 일어나는 환경도 경청에 영향을 줄 수 있지. 주변에 소음이 심하다면 말 자체를 잘 들을 수가 없잖아. 말하는 사람의 목소리 자체가 너무 작을 경우도 마찬가지야.

소통을 위한 경청을 결심했다면, 대화를 할 때 앞서 살펴본 경청의 장애물들이 그 순간에 없는지 먼저 살펴보도록 하자. 그리고 이야기를 듣는 중에 선입견이나 고정 관념이 떠오른다면 미리 결론을 내리지 말고 마음속으로 '그만!'을 외치고, 내 앞의 사람이 하는 말에 더욱 집중하려고 노력하자. 만약 나의 상황이 경청을 잘할 수 없다고 판단되면, 환경을 바꾸려는 노력도 필요해. 말소리가 너무 작거나 속도가 빠르면 "잘 안 들리는데 조금 크게 말해 줄 수 있어?" "조금만 천천히 말해 줄래?"와 같이 말하는 사람에게 부탁하는 거지. 경우에 따라서는 대화를 미루는 것도 좋은 방법이야.

# 리더가 사랑하는 경청

경청은 무리를 이끄는 리더들에게 반드시 필요한 덕목이야. 경청으로 사람들의 존경과 지지를 받은 리더들의 이야기를 한번 살펴볼까?

조선의 4대 임금 세종 대왕은 조선의 그 어떤 왕보다도 뛰어난 경청을 보였다고 해. 세종 대왕은 왕위에 오르자마자 인재 선발, 법이나 제도 수정은 물론 외교 문제까지, 나라의 크고 작은 일들을 함께 의논하자며 신하들에게 먼저 다가갔어. 높은 자리에 있는 사람들 중에는 말로는 "나는 언제나 소통할 마음이 있으니 언제든 의견을 주시오."라고 하지만 정작 아랫사람이 의견을 내면 버릇없다 여기거나 괘씸하게 여기는 사람들이 있어. 또는 자기 마음대로 모든 것을 할 수 있다는 자만에 빠져 다른 사람들의 말은 듣지 않으려 들기도 하지.

하지만 세종 대왕은 달랐어. 진심으로 소통을 원했지. 계급을 가리지 않고 가능한 한 모든 사람들과 소통하려 했어. 의견을 들을 때는 비난이나 질책이 아닌, 칭찬과 격려, 질문을 통해 말하는 사람들이 자신들의 의견을 솔직하고 충분하게 드러낼 수 있도록 했어.

한번은 과거 시험의 답안지에 세종 대왕을 비판하는 내용이 적혀 있었다. 이에 신하들은 그자를 잡아 벌을 주어야 한다고 했지. 그런데 세종 대왕은 답안지를 낸 사람을 벌주기는커녕, 오히려 벌을 주어야 한다는 신하들을 크게 꾸짖었어. 날카로운 의견을 낼 수 있는 인재를 뽑기 위해 과거 제도를 시행하는 것인데, 마음에 들지 않는 답안을 썼다고 그를 벌하는 것은 과거 제도의 가치를 욕되게 하는 것이라고 말이야. 반대 의견이나 자신에 대한 쓴소리도 경청하려 한 거야. 경청을 바탕으로 한 세종 대왕의 소통은 의견이 같고 다름을 떠나 사람들에게 믿음을 주었고, 그 결과 훌륭한 리더로서 혼자서는 해낼 수 없는 수많은 업적들을 이뤄 냈지.

왜군으로부터 우리나라를 지켜 낸 이순신 장군도 경청을 중요하게 여겼단다. 이순신 장군 하면 떠오르는 거북선은 이순신 장군이 직접 만든 것은 아니야. 조선 최고의 선박 기술자인 나대용이라는 부하가 있었는데, 그가 거북선을 설계하고 이순신 장군을 찾아가 만들기를 건의했다고 해. 거북선이 완성되기까지 실패가 여러 번이었지만, 이순신 장군은 나대용을 믿고 그의 의견을 경청했어. 그리고 마침내 튼튼하고 강한 거북선을 완성할 수 있었던 거지.

　미국의 16대 대통령 에이브러햄 링컨도 경청과 관련된 일화가 있어. 링컨이 대통령 후보였을 때 한 소녀가 그에게 편지를 보냈어. 자기는 링컨을 좋아하지만 주위의 어른들은 링컨이 못생겼다고 싫어한다며, 수염을 길러 부드러운 인상을 가졌으면 좋겠다는 내용이었어. 권위적인 정치가라면 무시할 수 있는 아이의 의견을 링컨은 소중히 여기고 고민 끝에 수염을 길렀다고 해. 그리고 대통령에 당선되었지. 물론 수염 때문에 대통령에 당선되었다고 할 수는 없겠지만, 작은 의견도 진지하게 생각하고 받아들이는 링컨의 자세는 높이 사야겠지?

　또, 펩시콜라로 유명한 탄산음료 회사 펩시코의 회장 인드라 누이도 아버지의 가르침인 경청을 경영의 원칙으로 삼았는데, 한 인터뷰에서 이렇게 말했어.

　"상대가 긍정적인 의도를 품고 있다고 믿어야 해요. 그렇게 하면 사람이나 문제를 대하는 접근법이 놀랍게도 달라지지요. 마음속 깊은 곳에서 아마 내가 들어 본 적 없는 중요한 이야기를 하고 있는 것이란 생각이 들어서 상대를 이해하고 귀를 기울이려고 노력하게 되기 때문이지요."

듣는다는 것은 자신이 직접 경험하지 못한 것을 다른 사람을 이해함으로써 간접적으로 체험할 수 있는 기회야. 리더들은 자신의 의견만 옳은 것이 아니라 보다 나은 결과를 위해 서로의 경험과 생각을 모으는 것이 더 효과적이라는 것을 잘 알고 있는 거지. 그래서 자신의 생각을 넓혀 줄 수 있는 정보와 새로운 관점을 배울 수 있는 경청을 소중하게 여기는 거란다.

# 경청의 고수되기

### 나를 비우고 듣기

경청도 결심이 필요해. 그냥 '너 말해. 난 들을게.'가 아니라 '다른 그 무엇보다 지금 네가 하는 말을 제대로 듣기 위해 온 힘을 다할 거야!' 하는 결심 말이야. 일단 경청하기로 결심했다면 텔레비전 소리를 줄이거나 핸드폰을 손에서 놓는 등 상대방의 이야기를 듣는 데 방해되지 않게 주변 상황을 다스려야 해.

또, 경청을 위해서는 자신을 비워야 해. 오목한 그릇을 떠올려 볼래? 그릇이 비어 있으면 무엇이든 담을 수 있어. 하지만 그릇이 무언가로 이미 꽉 차 있으면 새로운 것을 담을 수 없지. 듣는 것도 마찬가지야. '나'라는 그릇 속에 내 의견, 내 관점만 꽉 차 있으면 상대방의 의견이나 관점을 받아들이기 힘들어. 선입견이나 고정 관념도 똑같아. 자신의 경험으로 생긴 것이라고 해도 그런 관념들이 언제나 누구에게나 들어맞는 것은 아니거든. 그런데 상대방이 조금이라도 자신이 가진 기준이나 생각과 다른 이야기를 하면, 그때부터 상대방의 이야기를 제대로 듣지 않아 그 사람이 무슨 말을 하고자 하는지 전체 말의 의도를 파악하지 못하게 되지.

때때로 우리는 '이러이러한 느낌이 들어.' 혹은 '확신이 오는데.'와 같이 자기가 받은 느낌을 사실이라고 확신하며 제대로 듣는 경청의 과정을 그냥 지나치기도 해. 그런데 미국의 신경학자 로버트 버튼의 연구에 따르면 사람들이 확실하다고 느끼는 것이 실제로는 사실과 관련이 없는, 말 그대로 '느낌'일 확률이 높다고 해. '확실하다고 내가 생각한 것'이 그저 느낌이거나 생각일 뿐 사실이 아닐 수 있다는 거야.

그럼 이러한 생각이나 느낌은 나쁘기만 한 걸까? 그렇지는 않아. 생각과 느낌도 중요해. 다만 들을 때만큼은 내 마음에서 벗어나지 못하는 집착이나 내 기준으로 만들어진 선입견, 바로바로 판단하고 싶은 충동 들을 최대한 누르고 지금의 상대방에게 집중해야 상대방이 말하고자 하는 의미를 보다 정확히 알 수 있어.

**귀로, 눈으로, 가슴으로 하는 경청**

경청이란 한자는 '공경할 경(敬)'과 '들을 청(廳)'으로, '남의 말을 공경하는 태도로 듣다.'로 풀이할 수 있어.

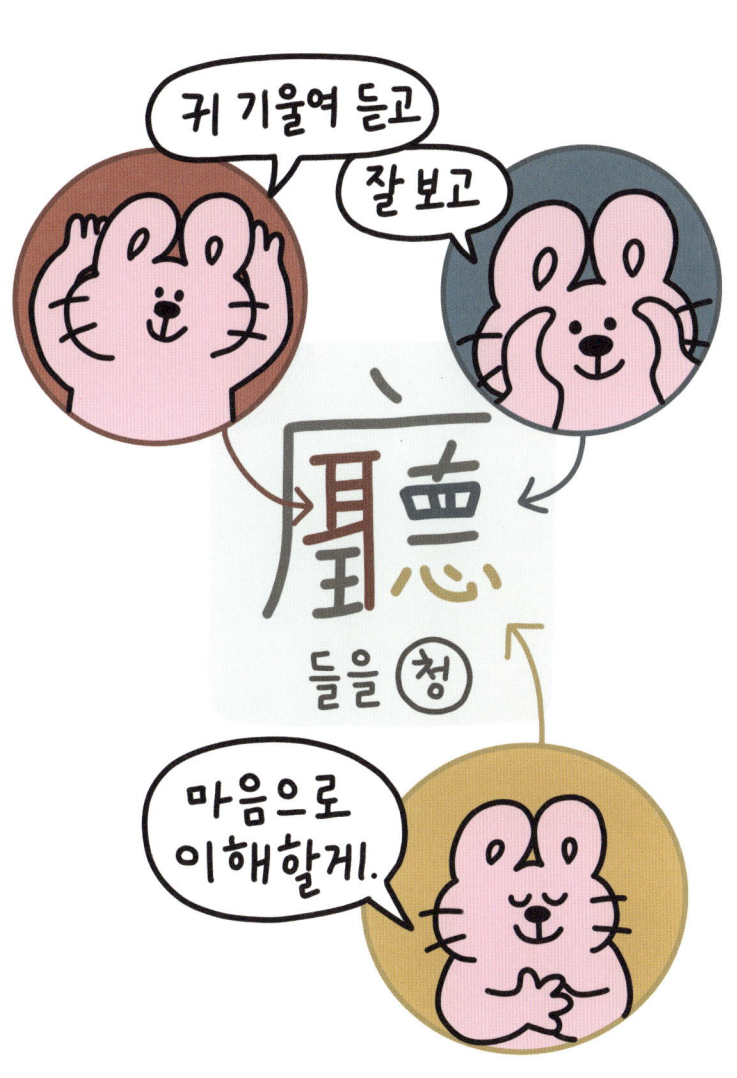

그중 한자 '들을 청' 자를 쪼개서 살펴볼까? 청 자 안에는 귀(耳)와 눈(目), 마음(心)을 나타내는 한자가 들어 있어. 듣기에는 귀뿐 아니라 눈과 마음도 필요하다는 말이지.

귀로 하는 경청은 말 그대로 말하는 사람의 소리를 잘 듣고 그 내용을 알아내는 거야. 무엇에 대해 말을 하는 것인지 우선 파악해야 하는 거지.

그리고 눈으로 하는 경청은 말하는 사람의 몸짓 언어로 전달되는 의미를 살펴보는 거야. 표정, 동작, 자세, 태도 등 몸짓 언어는 말의 의도를 더 정확하게 전달하는 힘이 있어. 그래서 경우에 따라서는 몸짓 언어를 통해 말의 내용과는 다른 진짜 의도를 알아낼 수도 있지.

마지막으로 마음으로 하는 경청은 상대방이 전하려고 하는 의도를 주의 깊게 들여다보는 거야. 대화를 통해 상대방의 생각을 아는 것에서 그치지 않고, 이해하기 위해 노력하는 거지.

소통을 위해서는 서로가 마음을 열어야 하는데, 그건 억지로 할 수가 없어. 권력이나 협박으로 자신의 의견을 받아들이라고 한다면 상대방은 겉으로는 고개를 끄덕이겠지만, 결국은 마음의 벽이 더 쌓이겠지? 진정으로 상대방의 마음을 여는 방법은 그 사람이 존중받고 있다고 느끼게 해 주는 거야. 누군가 내 말에 귀 기울이고 이해해 준다면 기쁘고 만족스럽잖아. 그러면 당연히 마음의 문도 열리고 자신을 이해해 주는 사람의 말에도 귀 기울이게 되지. 또 오해가 생겼을 때 대화를 통해 해결 방법을 함께 찾아갈 수도 있어.

그런데 간혹 경청에 대해서 오해하는 사람들이 있어. 상대방의 의견에 반드시 따라야 한다는 것으로 말이야. 이해한다는 것이 꼭 동의를 의미하는 것은 아니란다. 우리는 서로 다른 관점이나 의견을 가질 수 있어. 솔직하게 내 의사를 표현하는 것이 중요해. 다만 경청은 상대방이 무슨 말을 하는지, 의도가 무엇인지를 충분히 듣고 상대방의 생각이나 의견을 그 관점에서 이해하는 거야. 상대방의 말을 내 기준으로 '좋다' '싫다' '나쁘다' '옳다' '그르다'와 같이 판단하지 않는 거지. 우리가 언제나 결정을 빠르게 하는 성향을 가지고 있다고 해 보자. 무언가를 결정하는 데에 망설이고 있는 친구에게 "그거 하나 결정 못 해?"라고 말하는 게 아니라 '지금 결정하기 힘든 상태구나.' 하고 그 친구를 이해해야 한다는 거지. 2장에서 '나'를 인정해야 한다고 했던 것처럼 상대방을 인정하고 이렇게 상대방이 보이는 모습이나 생각, 즉 상대방의 자기 개방을 받아들이면서 이해의 폭을 넓히는 거야.

**듣기에도 흥을 담아, 얼쑤!**

만약 나는 신나게 이야기하고 있는데 상대방이 아무런 관심이나 반응이 없으면 어때? 말하는 나는 힘이 빠지고 소통하고 있다는 느낌을 받기 힘들 거야.

소통을 위한 경청에서는 자신이 들을 것을 토대로 적절하게 반응하는 것도 중요해. 말하는 사람에게 관심을 가지고 듣고 있다는 걸 보여 주는 거지. 사람은 다른 사람이 자신과의 대화에 열중한다고 느낄 때 더 흥미롭게 소통하려고 하거든.

판소리 공연 본 적 있니? 판소리는 보통 소리꾼과 고수가 함께하는 공연이야. 소리꾼은 노래로 말하고, 고수는 북을 치며 장단을 맞추지. 그런데 고수는 아주 중요한 역할이 하나 더 있어. 바로 추임새를 넣는 거란다. 추임새는 "얼쑤!" "그렇지, 암!" "아이고 세상에! 그런 일이!" 등 극의 흥을 돋우기 위해 하는 말이란다. 소리꾼이 혼자 이야기를 죽 이어 가는 것보다 고수의 추임새와 질문이 들어가면 판소리는 더 신이 나지. 대화에서 듣는 사람이 바로 고수의 역할을 하는 거야. 말하는 사람이 신이 나서 하고 싶은 말을 제대로 할 수 있게 말이야.

경청을 하며 나타낼 수 있는 반응은 상대방이 하는 말의 내용에 따라 다양해. "흠." "그랬구나." "정말?" "그래서 그다음에는 어떻게 됐어?" "좀 더 자세히 말씀해 주시겠습니까?" "흥미진진한 이야기네요."처럼 말로 할 수 있고, 또는 몸짓 언어로 표현할 수도 있어. 예를 들어 고개를 끄덕이거나 말하는 사람의 감정이나 내용에 따라 그에 적합한 표정을 짓는 거지. 말하는 사람의 몸짓을 읽어 가며 그 의도를 읽어 가듯이, 듣는 사람이 거꾸로 잘 듣고 있다는 몸짓을 보여 주는 거야. 여기서 주의할 점은 듣는 사람의 반응은 경청을 위한 것이기 때문에 상대방이 말을 하는 데 방해가 되지 않아야 해. 반응하는 것에만 집중하다가 지나치게 되면 오히려 말하는 사람의 주의를 뺏을 수도 있거든.

경청은 경우에 따라 말하는 사람이 전하는 내용, 감정, 의도 등을 자신이 잘 이해했는지 상대방에게 확인하는 과정도 필요해. 예를 들어 선생님이 평소와 다른 새로운 숙제를 내주셨다면 "선생님 말씀은 숙제를 이렇게 하라는 뜻이신 것 같은데, 맞나요?"라고 확인하는 거야.

그리고 경청은 말하는 사람에 맞게 이루어질 때 효과적이야. 사람마다 성격이나 취향, 태도가 모두 다 달라. 상대방이 질문을 하거나 맞장구를 치며 이끌어 줄 때 자신을 잘 드러내는 사람이 있는가 하면, 오히려 자신의 말을 가로막는다고 여기는 사람도 있을 수 있어. 또 손을 잡는 것 같은 신체 접촉을 편하게 여기는 사람도 있고, 그렇지 않은 사람도 있겠지? 이때 상대방이 어떤 사람인가를 알아낼 수 있는 것도 바로 경청이야. 귀와 눈과 마음으로 듣기 때문에 가능한 거란다.

**이렇게도 듣고, 저렇게도 듣고**

의사소통의 목적에 따라 경청의 방법은 달라져. 수업을 들을 때와 속상했던 일을 털어놓는 친구의 이야기를 들을 때가 다른 것처럼, 경청은 크게 정보를 위한 경청과 관계를 위한 경청으로 나누어 살펴볼 수 있어.

정보를 위한 경청은 수업이나 토론, 여행지에서 길을 찾아가기 위해서 나누는 대화처럼 정확한 정보를 얻기 위해 듣는 거야. 이때는 무엇보다 필요한 정보를 집중해서 정확히 듣고 이를 토대로 비판적 사고를 해야 해. 듣고 난 다음 내가 알고 있는 것과 비교하고, 궁금한 점이 있거나 설명이 더 필요하면 질문을 하는 거지. 정보를 정리하고 기억하기 위해 적절한 기술을 사용하는 것도 더 잘 듣기 위한 방법이야. 예를 들어 메모를 하거나 자신만의 암기 방법을 만드는 거지.

관계를 위한 경청은 필요한 기술이 좀 달라. 이 경청은 친

구의 걱정을 들어 주거나, 누군가를 위로하는 등 감정이 포함된 내용으로 대화하는 거야. 이때는 말하는 내용에서 무엇이 사실이다, 아니다보다는 상대방이 무엇을 느끼고 어떻게 생각하는지, 또 필요하거나 원하는 것은 없는지를 파악하고 이해하는 자세가 더 필요해. 그러니까 들을 때는 자신의 기준이 있더라도 섣부르게 상대방을 판단하지 않도록 해야 해. 예를 들어 볼게. 원하는 대로 잘되지 않아 속상한 마음을 친구에게 털어놓았는데, 친구가 다짜고짜 "내가 지난번에 그렇게 하면 안 된다고 말했지? 그럴 때는 이렇게 해야 된다니까."라고 말한다면 듣는 사람의 기분은 어떨까? 속상함이 배가될지도 몰라. 솔직하게 대화에 임하는 것은 좋지만, 상대방을 배려하지 않는 솔직함은 오히려 상대방의 감정만 상하게 할 수 있어.

의사소통의 목적에 따라 경청의 방법을 구분했지만, 실제 대화에서는 둘이 언제나 명확하게 나뉘는 것은 아니야. 친구와 대화하면서 정보 교환도 하고, 감정도 나눌 수 있는 것처럼 말이야. 상황에 따라 적절하게 조절하고 사용하는 것이 좋아.

말하기에 비해 듣기는 상대적으로 쉬운 것이라 여기는 사람들이 많아. 사실 그렇지는 않은데 말이야. 그리스의 철학자 에

픽테토스는 "신은 인간에게 두 개의 귀와 하나의 혀를 주셨다. 인간은 말하는 것의 두 배만큼 들을 의무가 있다."라는 말을 했어. 말을 하는 것은 자신의 생각을 정리하는 것이지만, 듣기는 상대방이 던지는 수많은 정보를 자신의 뇌로 받아들여 해석해야 해. 그 과정에서 어떤 의미를 담고 있는지도 알아내야 하지. 내가 한 번도 들어 본 적이 없거나 나와 다른 생각을 가지고 하는 말도 이해해야 해. 즉, 듣기는 두 배의 양은 물론이고 두 배의 노력이 필요한 일이란다.

그런데 가만히 보면 경청의 방법은 특별한 것이 아니야. 내가 말할 때 상대방이 이렇게 들어 주었으면 좋겠다고 생각하는 것들을 내가 먼저 실천하면 돼.

만약 경청하기로 마음먹었는데, 상대방의 이야기를 듣는 중에 딴생각이 들거나 내 생각이 먼저 불쑥 떠오른다고 해도 너무 자책하지는 마. '어휴, 내가 또 딴생각을 했네. 역시 난 안 되나 봐.' 하며 실망하거나 포기하지 말고, '좋아, 다시 제대로 듣겠어.' 하며 상대방에게 집중하고 돌아가면 되는 거야. 듣는 태도는 버릇과 같아. 몇 번의 시도만으로는 경청의 자세를 만들기 힘들어.

이런 이해와 노력이 필요하기 때문에 경청을 잘하는 사람은 친구나 선생님 등 주변 사람들로부터 믿음직한 사람이라는 평가를 받아. 이를 바탕으로 그들과 믿음이 쌓인 관계가 만들어지지. 이런 믿음이 쌓인 관계에서는 소통이 더 잘 이루어지게 되겠지?

## 듣기 태도 점검하기

대화를 하는 도중에 나의 듣기 태도를 점검하는 건 쉽지 않아. 그래서 평소에 자신을 돌이켜 보며 차분히 점검해 보는 기회를 갖는 게 중요하지. 그럼, 지금 한번 그 시간을 가져 볼까?

◎ **듣기 태도 점검표** (A와 B 중 하나만 고르시오.)

A '나는 관심없는 내용이야.'라고 생각하며 듣는다. ☐
B '어떤 말을 하려는 걸까?'라고 생각하며 듣는다. ☐

A 말하는 사람의 말솜씨, 외모 등 주변적인 것에 신경을 쓴다. ☐
B 말하는 사람의 용모보다는 내용에 더 신경을 쓴다. ☐

A 충분히 듣지 않고 미리 넘겨짚고 공격할 궁리를 한다. ☐
B 말하는 사람을 판단하기에 앞서 일단 끝까지 경청한다. ☐

A 사실에만 귀를 기울인다. ☐
B 왜 그 말을 하게 되었을지도 생각해 본다. ☐

A 가짜로 듣는 척만 한다. ☐
B 긴장을 놓지 않고 듣는다. ☐

| | |
|---|---|
| A 듣기를 방해할 수 있는 환경을 그대로 둔다. | ☐ |
| B 소음은 통제하고, 핸드폰 사용은 하지 않는다. | ☐ |

| | |
|---|---|
| A 어려운 내용은 듣지 않는다. | ☐ |
| B 어려운 내용도 최대한 노력하면서 듣는다. | ☐ |

| | |
|---|---|
| A 사소한 표현에 영향을 받아 감정적으로 반응한다. | ☐ |
| B 내게 부정적인 감정이 일어나게 하는 표현을 미리 알고 있으며, 그에 영향을 받지 않으려고 노력한다. | ☐ |

| | |
|---|---|
| A 사실적인 정보만 듣는다. | ☐ |
| B 다음 이야기를 예측해 비교하고 적극적으로 듣는다. | ☐ |

※ 〈마음을 움직이는 커뮤니케이션 기법〉(박민수, 시그마북스, 2012)에 나온 표를 이 책에 맞게 수정해 실었습니다.

　A와 B 중 어느 쪽을 더 많이 골랐니? A는 나쁜 듣기 태도이고 B는 좋은 듣기 태도야. 나쁜 듣기 태도가 많이 나왔다고 너무 실망하거나 자책하지는 마. 앞으로 발전할 수 있는 계기로 삼으면 돼. 지금까지 잘하고 있었던 점은 지키면서 부족한 점은 채워 가도록 노력해 보자.

# 4. 힘이 있는 말

자신감이 담긴 말 · 마음이 흘러야 대화도 흐른다 · 몸짓으로 말에 기운을 팍팍! · 귀 기울이게 하는 말

# **자신감**이 담긴 말

　소통의 힘이 있는 말은 바로 듣는 사람이 귀를 기울이게 하는 말이야. 그런 말에는 말하는 사람의 자신감이 들어 있어. 자신을 당당하게 드러낼 수 있는 자신감 말이야.

　어떤 사람을 만났을 때 긍정적이고 솔직한 사람과 부정적이고 뭔가를 숨기려 드는 사람이 있다면 어떤 사람에게 더 관심이 가니? 긍정적이고 솔직한 사람이 좋지 않니? 소통에서도 마찬가지야. 상대방이 자신감을 가지고 말을 하면 듣는 사람의 입장에서는 '무슨 이야기를 하려는 걸까?' 하는 호기심과 관심이 생기기 마련이야.

　자신감을 가지려면 우리가 2장에서 살펴본 것처럼 자신의 모습을 알고 인정하는 것에서부터 시작해. 가지고 있는 재료가 어떤 것인지 잘 알고 있는 셰프가 맛있는 요리를 만들듯이 자신을 잘 아는 사람은 자기를 표현할 때 자신에게 가장 적절하고 진실된 말을 사용할 수 있거든. 그리고 자신감이 있는 사람은 자신이 잘하는 게 있으면 잘하는 대로, 부족한 게 있으면 부족한 대로 지금의 자신에 대해 긍정적으로 생각할 수 있어. 예를 들어 '나는 공부를 못하니까 대화할 가치가 없는 사람이야.'가 아니라, '나는 공부는 못해도 충분히 가치가 있는 사람이야.'처럼 말이야. 흔히 자신감을 어떤 일을 해낼 수 있다는 능력으로만 생각하기 쉬운데, 이렇게 자신은 행복해질 가치가 있다고 생각하는 것도 자신감에 포함돼.

하지만 당당하게 자신을 표현하는 자신감은 예의가 없는 것과는 달라. "무조건 내 말이 최고야." "네가 뭘 알아? 그냥 내 말 들어."라는 태도는 자신감이 아니라 자만이고, 상대방을 무시하는 것이란다. 자신의 의견을 말한 다음 "너는 어때?"라고 상대방의 의견도 존중할 수 있는 자세가 담겨 있어야 하지.

그런데 사람은 누구나 상처받지 않기 위해 자기를 보호하려는 마음이 있어. 이런 마음이 너무 크면 제대로 대화를 하기도 전에 상대방의 말을 그 의도와 상관없이 자기 마음대로 해석하고 판단하게 되지. 대화를 한다고 해도 상대방과 적극적으로 소통을 하려는 의지가 적기 때문에 오해나 갈등이 생기기도 쉬워.

자기를 보호하고 싶은 마음은 자연스러운 것이지만, 이런 마음이 자신을 보호하는 것을 넘어 자신을 감추거나 거짓으로

꾸미는 것이 된다면 소통에 도움이 되지 않아. 부족함이 있는 자기 자신도 잘 표현하면서 문제를 해결할 수 있는 방법을 찾아가는 것이 진짜 자신감이란다. 이런 자신감이 자신을 감추는 것보다 자신을 더 잘 보호할 수도 있어.

혹시 내가 과연 다른 사람들과 소통을 잘할 수 있을지 걱정스럽니? 물론 소통을 이루는 과정이 쉬운 것은 아니야. 하지만 '나는 의사소통을 잘 해낼 수 있다.' '나는 서로 소통하는 대화를 할 수 있다.'라는 자신감이 성공적인 의사소통으로 이끌어 줄 수 있단다. 그러니까 자신감을 위해 다음과 같이 스스로 주문을 걸어 봐.

'나는 내 생각과 느낌을 알고 있고, 다른 사람과 같은 점도 있고 다른 점도 있어. 내 생각이 틀릴 수도 있어. 틀렸다면 고치면 되는 거야. 중요한 건 솔직한 내 생각과 느낌으로 상대방을 존중하는 소통을 하는 거야. 나는 잘할 수 있어!'

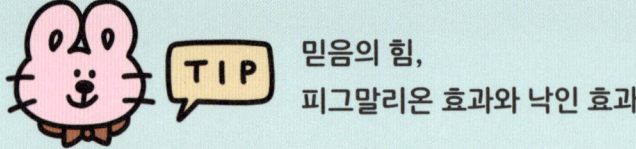

### 믿음의 힘, 피그말리온 효과와 낙인 효과

'피그말리온 효과'라는 말을 들어 본 적 있니? 그리스 로마 신화에 나오는 조각가 피그말리온의 이름에서 유래한 심리학 용어야. 피그말리온은 한 여인 조각상을 완성했는데, 그 조각상과 사랑에 빠져 버리고 말아. 그는 신들에게 자신의 조각상이 실제 여인이 되어 사랑할 수 있게 해 달라고 간절히 빌었어. 사랑의 여신 아프로디테는 그의 진심에 감동해 소원대로 조각상에 생명을 주었고, 피그말리온은 사랑하는 여인을 얻게 되었다는 이야기야. 피그말리온 효과란, 이처럼 어떤 일이나 상황에 대해 긍정적으로 기대하는 것이 실제로 좋은 결과를 가져올 수 있다는 것을 일컫는 용어야.

미국 하버드대학교 사회심리학 교수인 로버트 로젠탈은 피그말리온 효과와 관련하여 직접 실험을 했어. 그는 초등학생들을 대상으로 지능 검사를 한 후, 실제 결과와는 상관없이 무작위로 20퍼센트의 아이들을 뽑아 명단을 만들었어. 그러고는 담임 선생님에게 이 아이들은 지능이 높은 아이들이라고 알려 주었어. 그리고 몇 개월 후 성적을 확인해 보았더니 그 20퍼센트에 해당하는 아이들의 성적이 이전보다 올라갔다고 해. 담임 선생님이 명단에 속한 아이들에게 기대를 하며 격려를 했고, 아이들 역시 기대에 맞추기 위해 노력을 했던 거지. 칭찬과 격려, 믿음이 긍정적인 결과를 가져온 거야.

그런데 피그말리온 효과와는 정반대로 부정적 결과를 가져오는 '낙인 효과'라는 것이 있어. 낙인은 불로 달구어 찍는 쇠 도장인데, 옛날에는 가축이나 죄인의 몸에 낙인을 찍었어. 한번 낙인이 찍히면 평생 지울 수 없었지. 즉, 낙인 효과는 어떤 사람이 부정적인 낙인이 찍히면 그런 평가에 맞추듯 부정적인 행동을 하게 되는 걸 의미해. 능력이 있어도 발휘를 못 하는 데다가 부정적인 행동이 낙인을 더 강하게 만들어 버리는 악순환이 되는 거야.

그럼 소통하는 대화에서 피그말리온 효과와 낙인 효과를 어떻게 활용하면 좋을까? 당장은 소통하는 대화가 어렵더라도 '나는 원래 못해. 앞으로도 못할 거야.'라며 자신에게 낙인을 찍지 말고, '지금은 좀 부족하지만 노력하면 조금씩 나아질 거야.'라고 긍정적으로 생각하는 거야. 거기에 잘할 수 있다는 자신감을 갖고 대화에 임하면 점점 더 발전할 수 있겠지? 그리고 상대방에 대해서도 긍정적으로 기대하고, 낙인을 찍지 않는 것이 소통을 위한 중요한 자세란다.

## 마음이 흘러야 대화도 흐른다

　우리는 어떤 내용을 전달하기 위해 말을 해. 그래서 말을 잘하면 소통이 잘될 거라 생각하기도 하지. 하지만 말의 내용만 전달했다고 소통이 잘된 건 아니란다. 서로의 감정을 알아주고 이해하는 공감이 필요해.

　공감이란 상대방의 감정을 있는 그대로 이해하고 나도 같이 느끼고 나누는 거야. 공감을 받는 것은 상대가 내 감정을, 공감을 하는 것은 내가 상대방의 입장이 되어서 그 사람에게 생긴 감정을 이해하는 거지. 공감은 어떤 상황에서 일어난 감정을 '옳다, 그르다, 적절하다'와 같이 평가하거나 판단하는 게 아니야. 상대방에게 일어난 감정 자체에 집중하고 왜 그런 감정을 느꼈는지 상대방의 관점에서 이해하고 나도 같이 느끼는 거야. 감정을 이해하면 상대방을 더 잘 이해할 수 있게 되고 진심으로 다가갈 수 있거든.

　그렇다고 공감이 상대방이 느낀 감정을 내가 똑같이 느껴야 되는 것도 아니야. 상대방에게 '이런 감정이 생겼구나.' 하고

이해하는 거지.

　밥을 안 먹으면 배가 고픈 것처럼 긍정적이든 부정적이든 모든 감정은 내 의지와 상관없이 생겨. "생기지 마! 없어져 버려!" 한다고 사라지는 게 아니야. 그래서 상대방에게 자신의 감정을 인정받는다는 건 자신의 모습 그대로를 인정받는다는 것과 같아.

　사람은 누구나 인정받고 싶은 욕구가 있어. 감정에 대해서도 마찬가지야. 감정을 인정받으면 마음이 편안해지며 상대방에게도 마음을 열 수 있지. 하지만 자신의 감정이 무시당하면 짜증이 나거나 슬퍼지며 마음이 불편해져. 상처받은 마음은 더 이상 다치고 싶지 않아 굳게 닫힐 수도 있어. 아예 문을 걸어 잠그는 거지. 그렇게 되면 그 속으로는 아무것도 들어갈 수 없게 되겠지? 말하는 사람은 아무리 좋은 말, 도움이 되는 말을 한다고 해도 상대방이 귀담아듣고 싶지 않게 돼.

　그런데 똑같은 상황에서 모든 사람이 반드시 똑같은 감정을 느끼는 건 아니야. 예를 들어서 엄마가 빨래를 잘못해서 스웨터가 줄어들었다고 해 보자. 이때 다음과 같은 감정들을 느낄 수 있어.

- 일반적인 감정 → 속상하다.
- 개인적인 이유에 따른 감정 ① → 기쁘다.
- 개인적인 이유에 따른 감정 ② → 화난다.

여기서 개인적인 이유는 무엇일까? 원래 그 스웨터를 싫어했는데 엄마가 입으라고 강요해서 입고 다닐 수밖에 없었던 경우라면 스웨터가 줄어든 것이 기쁠 수 있어. 반대로 스웨터를 무척 좋아하고 아꼈던 경우라면 속상한 것을 넘어서 화가 날 수 있지. 이처럼 같은 상황일지라도 사람마다 느끼는 감정이 다를 수 있어.

어쩌면 우리는 오래 알고 지낸 사이일수록 서로를 잘 안다고 생각하고 공감도 잘하고 있다고 믿는지도 몰라. 그런데 실제로는 잘 안다고 생각해서 오히려 서로의 생각과 감정을 진정으로 헤아리려는 노력을 덜 하기도 한단다. 같은 사람이라도 상황에 따라 감정이 다를 수 있다는 걸 간과하는 거지. 그래서 오해가 생기기도 해.

공감을 잘하려면 상대방의 '지금' 감정을 제대로 이해하려고 노력해야 해. 여기에는 내가 감정을 얼마나 다양하게 알고 있는지가 영향을 줄 수 있어. 다양한 감정을 알고 있다면 그만큼 상대방의 감정을 이해하는 폭이 넓어지지만, 상대가 느끼는 감정을 모른다면 정확하게 이해하기 어렵거든. 다양한 감정에 대해서는 7장에서 좀 더 살펴보도록 할게.

공감이 중요하고 필요하지만, 그렇다고 상대방의 기분이나 감정에 지나치게 몰입하는 것은 오히려 좋지 않아. 내 감정이 상대방이 느끼는 감정 속에 빠져 헤어나지 못하는 경우가 생길 수도 있거든. 예를 들어 상대가 느낀 절망이나 두려움이 마치 내 것인 양 그 감정에 빠지게 되는 거지. 그렇게 되면 오히려 상대방을 이해할 수 있는 마음의 여유가 사라지고 내가 고통 속에서 헤매게 될지도 몰라. 그러니까 소통의 중심인 내 감정을 잘 다스릴 수 있어야 해.

# 몸짓으로 말에 기운을 팍팍!

이번엔 소통의 힘을 말이 아닌 진심을 담은 몸짓 언어에 실어 볼까?

대화할 때 눈을 맞추는 건 마음을 보이는 것과 같아. '너와 대화하고 싶어.' 하는 관심의 표시이기도 하지. 눈 맞춤은 적당한 게 좋아. 대화를 하면서 너무 뚫어지게 쳐다보는 건 상대를 불안하게 만들 수 있거든. 반대로 눈 맞춤이 거의 없는 경우는 상대방으로 하여금 자신에게 관심이 없다고 여기게 하거나 말하는 사람이 자신감이 없다고 판단하게 할 수 있어. 눈 맞춤이 익숙하지 않다면 처음에는 코나 인중 등 편안하게 바라볼 수 있는 부분에 시선을 두는 게 도움이 될 거야.

표정도 듣는 사람이 편안하게 느낄 수 있는 표정을 짓는 것이 좋아. 말하는 동안 계속 웃어야만 하는 것은 아니지만, 대화를 시작할 때는 미소가 서로의 긴장을 풀어 줄 수 있거든. 또, 말의 내용이나 의미와 관련 있는 표정은 듣는 사람으로 하여금 이야기에 더 몰입하게 할 수도 있어.

자세나 태도도 점검해 봐야 해. 진심을 전하는 태도와 동작은 말에 힘을 주지만, 그 반대가 되면 오히려 말하는 사람에 대한 신뢰를 무너뜨리거든. 대화를 나누기로 했다면 상대방을 무시하는 태도가 아닌, 관심을 가지고 있다는 것이 느껴질 수 있는 태도를 보여 줘야 해. 특별한 경우가 아니라면 듣는 사람과 마주하고 대화하는 게 기본이야. 만약 쉬는 시간에 복도를 걷고 있는데 한 친구가 어깨를 세게 치고 지나갔다고 해 보자. 수업이 끝난 후 그 친구가 핸드폰을 보면서 "야, 아까 내가 쳤지? 미안."이라고 말한다면, 미안한 마음이 전해질까? 아마 제대로 전해지지 않을 거야. 그런데 "잠깐 이야기할 수 있을까? 아까 내가 너 치고 지나갔지? 미안해. 동생이 아프다는 이야기를 들어서 마음이 급해져 바로 사과를 못 했어."라며 얼굴을 마주하고 말한다면 어떨까? 부딪쳤을 때 감정이 상했을지 몰라도 상대의 진심은 느껴질 거야.

물론 상황에 따라, 사람에 따라 그에 맞는 효과적인 몸짓은 다를 수 있어. 예를 들어 일반적으로는 눈을 맞추며 이야기를 하는 것이 좋지만 부끄러움을 많이 타는 사람과 이야기할 때는 상대방을 배려하는 차원에서 그 사람을 너무 빤히 쳐다보지 않는 것이 좋겠지. 또, 보통은 얼굴을 마주 보고 이야기하는 것이 좋지만, 함께 여행을 가서 서로의 속마음을 이야기할 때는 누워서 말하는 것이 더 자연스럽고 편안할 수 있고 말이야. 이렇게 몸짓 언어도 경우에 따라 조절할 필요가 있어. 중요한 건 내가 하는 말과 몸짓 언어가 일치해야 말에 힘을 줄 수 있다는 거야.

    사실 우리가 말을 할 때는 자신이 어떤 몸짓을 짓고 있는지 알아채기 쉽지 않아. 하지만 상대방의 몸짓을 보는 건 그리 어렵지 않지. 다시 말하면, 듣는 사람은 언제나 내 몸짓을 읽을 준비가 되어 있다는 거야. 그러니까 말을 할 때는 나의 몸짓 언어도 준비가 되어 있어야 해. 혹시 내가 모르는 나의 버릇이 있는지 다른 사람에게 물어보고 필요하면 고치는 게 좋겠지? 나쁜 의도는 없다고 해도 오해가 생길 수 있으니까 말이야.

# 귀 기울이게 하는 말

말로 사람들의 마음을 사로잡은, 그야말로 말을 잘하는 사람에 대해 이야기해 볼까?

스티브 잡스는 미국의 컴퓨터 회사 애플의 창업자였어. 이 회사에서는 새로운 제품이 나오면 늘 설명회를 열었는데, 잡스의 말을 듣기 위해 언제나 많은 사람이 몰려들었지. 무엇이 사람들의 마음을 사로잡았을까? 잡스는 새 제품에 대한 자세한 설명보다는 사람들을 이해시키는 데 더 많은 노력을 했어. 뭐가 좋아졌는지 모른다면 선택하지 않을 테니까 말이야.

한 사례를 들어 보면, 애플이 엠피스리(mp3) 플레이어를 개발한 때였어. 그는 이런 고민에 휩싸였지. '전문가가 아닌 사람들도 이 제품이 뭔지 이해할 수 있어야 하는데. 처음부터 어려운 이야기를 하면 아예 듣기 싫어하겠지? 듣는 것도 긴장되는 일이잖아. 화면에 말할 내용을 그대로 옮겨 적어 놓으면 지루하기만 할 거야. 내 말을 굳이 들으려 하지 않을지도 모르지.'

잡스는 엠피스리 플레이어를 어떻게 설명했을까?

- "이것은 무게가 0.18킬로그램인 5기가바이트의 편리한 휴대용 오디오 파일 재생기입니다."
- "호주머니에 들어가는 크기에 노래 1000곡이 들어가지요."

위에 두 설명 중 어떤 것이 더 이해하기 쉽니? 잡스는 두 번째 방법으로 설명했어. '글자보다는 그림이 이해하기가 빨라.' '단계를 두어 설명하면 이해하기 쉽겠지.' '편안한 마음으로 둘이 대화하듯이 말하자.' 등 듣는 사람의 입장에서 제품에 대해 설명하려 노력했지. 그리고 이런 마음을 몸짓으로도 전달했어. 차분하고 편안한 목소리와 말투로 이야기하고, 분주하지 않고 자연스럽게 움직이며 사람들과 최대한 눈도 맞추었어. 사람들의 반응에 자기도 반응하면서 말이야. 이런 잡스를 보며 사람들은 그가 일방적으로 설명하지 않고 소통하려고 한다는 걸 느끼고 그의 이야기에 귀 기울였단다.

잡스가 미국 스탠퍼드대학교 졸업식에서 한 축사도 많은 사람들에게 감동을 주었어. 졸업생들은 사회로 나갈 자신의 미래가 불안했어. 도전하는 일이 실패할 수도 있으니까 말이야. 그런데 잡스 역시 여러 번의 실패를 경험했었거든. 잡스는 그 실패한 경험과 이를 통해 배운 점들을 솔직하게 말했고, 졸업생들은 그의 이야기로부터 용기를 얻었다고 해.

　미국의 토크쇼 진행자 오프라 윈프리도 따뜻한 공감으로 사람들의 마음을 사로잡았어. 슬픈 일을 겪은 사람은 먼저 따뜻하게 안아 주며 그 사람이 겪은 일과 비슷한 자신의 경험을 털어놓았어. 반대로 기쁜 일이 있는 사람에게는 자신의 일처럼 기뻐해 주었지. 앞에서 이야기했듯이 누군가 내 감정을 인정해 주면 마음의 문이 열리게 되거든. 덕분에 그녀는 전 세계적으로 큰 사랑을 받으며 '토크쇼의 여왕'이라는 별명까지 얻었단다.

　우리나라 사람도 예로 들어 볼까? '유느님'이라고 불리는 개그맨 유재석은 많은 사람들이 함께 방송하며 친해지고 싶어 하는 인물이야. 말도 잘하고 진행도 깔끔하게 하지. 그런데 그가 처음부터 말을 잘한 건 아니었어. 개그맨이 되고 나서 처음에는 긴장을 너무 많이 해 방송에서 실수가 잦았어. 실수한 것 때문에 자신감이 없어져 더 움츠러들고 하고 싶은 말도 제대로 못 했었지. 하지만 혼자 연습에 연습을 거듭했고, 기회가 다시 왔을 때 그동안 연습했던 모든 것을 보여 주었어. 그리고 프로그램에 임하는 그의 자세와 진행 능력이 호평을 받았지. 그렇게 노력했기에 '국민 엠시'라는 애칭도 얻게 된 거야. 그는

프로그램을 진행하면서 함께 출연한 사람이 불안해하거나 잘 적응하지 못하면 "내가 그 맘 알아요!" 하고 공감해 주고 웃음으로 긴장을 풀어 주며, 계속 질문을 던져 그 출연자가 자연스럽게 대화에 참여하게 만들어 줘. 유재석의 이런 배려에 사람들은 그와 대화하고 친해지고 싶어 하는 거지.

유명한 사람이어서, 혹은 유명한 사람이 되어야만 사람의 마음을 움직일 수 있는 게 아니야. 다른 사람의 마음을 얻을 수 있는 말이 힘을 갖는 거야.

지금 대화에 자신이 없다고 해도 너무 걱정하지는 마. 스티브 잡스도, 오프라 윈프리도, 유재석도 상대방의 입장을 헤아리는 말을 하게 되기까지 끊임없이 연습하고 실천한 사람들이거든. 우리도 자신감을 갖고 계속 연습한다면, 다른 사람의 마음을 움직일 수 있는 힘을 가진 말을 할 수 있게 되겠지?

# 5. 다양한 의사소통 방법

문자로 하는 의사소통 · 경계가 없는 대화의 장, 인터넷 · 편리하지만 어렵기도 한 인터넷 · 네티켓을 지키는 우리

# 문자로 하는 의사소통

기술이 발달하면서 우리는 다양한 매체를 통해 글로 의사소통을 할 수 있게 되었어. 종이에 직접 글씨를 쓰는 것은 기본이고 요즘은 문자 메시지, 에스앤에스(SNS), 이메일, 인터넷의 게시판 등도 많이 사용하고 있지.

그런데 다양한 미디어를 이용하는 과정에서 우리가 글을 사용하는 방식이 변화하고 있어. 빨리 쓰기 위해, 혹은 재미를 위해 줄임말을 사용하거나 새로운 단어와 표기법 등이 나타났지. 그리고 그 말들은 실생활에서도 많이 사용되고 있어.

ㅇㅇ → 응응
ㅇㅈ → 인정
프사 → 프로필 사진
맛점 → 점심 맛있게 먹어
심쿵 → 심장이 쿵쾅거림
혼밥 → 혼자 먹는 밥

ㅇㅋ → 오케이
ㅎㅎ → 하하, 호호 등의 웃음
안물안궁 → 안 물어보고 안 궁금함
꾸안꾸 → 꾸민 듯 안 꾸민 듯
노잼 → 재미없음
코노 → 코인(동전) 노래방

어때? 한 번쯤 들어 본 말들이지? 이런 줄임말이나 신조어를 사용하면 이 말뜻을 이해하는 사람들끼리는 의사소통의 시간이 줄어들어. 게다가 똑같이 이해하고 있다는 공감대가 생기면서 서로에 대한 친밀도도 높여 주지.

사실 언어는 사회에서 생겨나고 사용되는 것이기 때문에 사회의 변화에 따라 언어도 변화해. 새로운 말의 등장과 쓰임은 자연스러운 현상이야.

하지만 모든 사람이 줄임말이나 신조어를 안다거나 쓰는 것은 아니란다. 세대별, 사회 집단별로 사용하는 줄임말이 다른데, 줄임말의 경우 대개 젊은 층에서 많이 쓰기 때문에 나이가 많은 사람들은 이해가 쉽지 않지.

한글을 기존의 규칙과 전혀 다르게 사용하는 것이 우리말을 발전시킨다는 의견과 반대로 파괴한다는 의견이 둘 다 존재해. 어느 쪽이 정답이라고 할 수는 없지만, 분명한 것은 의사소통을 잘하기 위해서는 각 상황에 맞게 사용해야 한다는 거야. 말로 하는 대화처럼 글도 읽는 사람이 이해할 수 있어야 하니까 말이야.

지금부터는 우리가 가장 많이 사용하는 문자 메시지를 통해 문자로 하는 소통에 대해 알아보자. 문자 메시지는 의사소통

을 하려는 사람들이 똑같은 시간, 똑같은 장소에 같이 있지 않아도 대화할 수 있어서 편리해. 문자를 보내는 사람은 보내는 사람대로, 받는 사람은 받는 사람대로 지금 자신의 위치에서 의사소통을 할 수 있지. 또, 직접 만나 말하기가 부담스러운 경우에도 문자 메시지를 사용하면 부담을 덜 수 있어.

예전에 문자로 하는 의사소통은 말로 하는 경우보다 전달 속도가 월등히 느렸어. 글을 써서 쪽지를 전달하거나 우체국에 가서 편지를 부치고 받아야 했거든. 하지만 지금은 어때? '전송' 버튼만 누르면 순식간에 상대방에게 도착해. 또 그림, 숫자 등 글자가 아닌 다른 기호를 가지고 의미를 담을 수 있어. 글로 소통하는 것과는 또 다른 재미가 있지.

혹시 친구랑 특별히 전하고자 하는 내용이 없어도 문자를 주고받은 적 없니? 요즘은 문자를 주고받는 행동 자체가 놀이처럼 하나의 즐거움이 되었어. 서로 관계가 돈독하다는 증거가 되기도 하고 말이야.

그런데 문자 메시지가 좋기만 한 것은 아니야. 여기에도 오해가 생길 가능성이 있거든. 대화할 때는 상대방이 하는 말의 내용보다 몸짓 언어나 상황 등 비언어적인 요소가 의미 해석에 큰 영향을 준다고 했잖아? 문자를 쓰는 중에도 우리는 웃거나 혹은 심각한 표정을 짓는 등 몸짓 언어를 만들어 내. 그런데 문자로 하는 의사소통은 서로 대면하지 않다 보니 이런 요소가 빠지게 돼.

이모티콘은 이런 문자 메시지의 한계를 어느 정도 보완해 줄 수 있어. 문자 메시지를 보낼 때 이모티콘을 함께 보냄으로써 기분이나 감정 등의 비언어적 정보를 전달하는 거지. 하지만 이것이 우리가 직접 만나 이야기할 때만큼의 정보를 주지는 못해. 의미를 담은 몸짓은 대개 자기가 그렇게 하고 있다는 걸 인식하지 못한 상태에서 나타나기 때문에 진심이 담겨 있거든.

또, 문자 메시지는 대부분 짧은 문장이나 단어로 보내는 경우가 많아. 좀 더 빨리 전달하기 위해서지. 그러다 보니 충분한 설명이 없기 일쑤야. 문자를 보내는 사람은 해야 할 말이 머릿속에 다 정리되어 있으니 그중 자신이 생각하기에 꼭 필요한 말만 골라 쓰게 돼. 그런데 받은 사람은 메시지 내용을 충분히 이해할 수 있을까? 당연히 아니야. 제대로 된 설명이나 정보를 주지 않으면 이해할 수 없단다.

친구끼리 문자를 주고받을 때는 맞춤법이 틀려도, 줄임말이나 은어를 사용해도 큰 문제가 되지는 않아. 하지만 공적인 경우나 어른들과 문자 메시지를 주고받을 때에도 잘못된 한글을 사용하면 나에 대한 믿음이 떨어질 수 있어.

간혹 전달되지 않은 문자 메시지로 오해가 생길 수도 있지. 시스템이나 핸드폰에 문제가 있으면 문자 메시지가 전달이 안 될 수도 있거든. 하지만 보내는 사람은 분명 전송 버튼을 눌렀기 때문에 확실히 보냈다고 생각하지. 그러면서 오지 않는 답장에 자신이 무시당했다고 오해를 하는 거야.

마지막으로 언제 어디서든 소통할 수 있다는 것은 장점이 될 수도 있지만, 그만큼 끊임없이 정보를 주고받는 상황이 사람을 피곤하게 만들기도 한단다. 새벽에 문자를 보낸다든가, 쉬고 싶은데 계속 연락이 온다든가 하면 힘들겠지?

대화에서 말하는 사람은 듣는 사람이 누구냐에 따라 자신의 기술을 효과적으로 조절해야 하듯이, 의사소통을 위해서는 문자도 효과적으로 사용해야 해. 실제 만나서 대화할 때처럼 상대방을 존중하는 태도는 기본이란다. 나의 문자 메시지가 상대방을 불편하게 하는 건 아닌지를 생각해 보고 배려와 예의를 갖추어 사용해야 해.

## 경계가 없는 대화의 장, 인터넷

인터넷은 보급된 초기에는 정보 전달이 주요 목적이었어. 하지만 요즘은 인터넷으로 정보 수집뿐 아니라 쇼핑, 수업, 토론, 모임, 여가 생활 등 각가지 활동이 이루어지고 있지. 그 안에는 의사 표현을 하는 공간들도 많아. 포털 사이트, 소셜 미디어, 블로그나 카페, 게임 사이트 등 다양한 공간에 직접 게시글을 올리거나 올라온 게시글에 댓글 달기, 채팅이나 메시지를 전송하는 방식으로 말이야.

인터넷을 통해 맺는 인간관계의 크기는 다 달라. 작게는 일대일 메시지를 통해 두 사람이 연결되기도 하고, 그룹 채팅방처럼 몇몇이 모인 소그룹으로, 혹은 단체 이메일이나 게시판처럼 많은 사람이 한꺼번에 연결될 수도 있어. 게다가 우리가 알고 있는 사람뿐만 아니라 한 번도 만난 적이 없는 여러 사람들과 대화를 나눌 수도 있지.

인터넷을 통한 의사소통에는 여러 장점이 있어. 우선 인터넷의 특징으로 꼽는 익명성 덕분에 자신의 의견을 보다 솔직하고 자유롭게 표현하는 것이 가능해. 익명성은 어떤 행위를 한 사람이 누구인지 드러나지 않는 특성을 말해. 그래서 사람들은 인터넷상에서 이름, 나이, 생김새 등을 드러내지 않고 그 대신 아이디나 별명을 사용해.

또 인터넷의 의사소통은 대부분이 직접 얼굴을 마주하지 않은 상태에서 이루어지기 때문에 직접 만났을 때 느끼게 되는 나이, 성별, 인종, 사회 계층 등에서 오는 서로의 차이를 인식하지 않을 수 있어. 그래서 인터넷 공간에서 만나는 사람들은 친밀감이 쉽게 생겨. 얼굴 한 번 보지 못한 사람들과 서로 같은 가수를 좋아한다는 사실 하나로 친구가 될 수도 있고, 삼촌 또래의 사람들과 함께 게임을 하면서 게임 정보를 교환할 수도 있어. 기술의 발전으로 이전보다 다양한 의사소통의 장이 마련된 거야.

# **편리**하지만 **어렵기도** 한 인터넷

　인터넷을 이용하는 소통도 좋은 점만 있는 것은 아니야. 우선 인터넷을 통한 소통 역시 직접 마주하고 대화하는 것이 아니기 때문에 전달할 수 있는 정보가 한정돼. 즉, 비언어적인 정보가 자동으로 전달되지 않아 오해가 생길 수 있다는 거지. 어떤 게시물에 웃으면서 댓글을 달았다고 해 보자. 댓글에서는 내가 웃고 있는 것, 즉 내 몸짓 언어가 보이지 않아. 그래서 내가 쓴 댓글을 읽는 사람에 따라 다르게 해석될 수 있지.

　둘째, 상대방이 나를 모른다는 생각이 책임감을 줄어들게 해. 앞서 말한 익명성 뒤에 숨어 모욕적인 말이나 욕을 쓰는 등의 행동을 스스럼없이 하는 거지. 직접 마주하는 상황이라면 상대방의 반응이나 주변의 시선을 의식해서 잘못된 행동을 억제하지만, 인터넷상에서는 이런 반응이 즉각적으로 나타나지 않거나 보이지 않기 때문에 언어폭력이 쉽게 일어날 수 있어. 말이나 글도 폭력이 될 수 있는데, 이 언어폭력에 관해서는 6장에서 좀 더 알아볼게.

셋째, 인터넷을 통해 극단적인 집단 사고에 빠지기 쉬워. 인터넷이 다양한 의견이 오가는 소통의 장이긴 하지만, 사이버 공간을 연구한 미국의 마크 스미스와 피터 콜록 박사에 의하면, 인터넷이 다양한 문화와 이념을 연결시킬 수 있는 잠재성이 있음에도 불구하고 사람들은 일반적으로 공통된 관심과 고민거리를 공유하는 사람들끼리 모이는 경향이 있다고 해. 쉽게 말해서 우리는 인터넷에서 다양한 주제를 발견할 수 있지만, 사람들은 대개 자신이 관심을 가지고 있는 그룹에만 가입하기 때문에 '끼리끼리' 모이게 된다는 거야. 그렇게 무리 안에서 비슷한 생각들만 주고받다 보면, 결국 극단적인 집단 사고에 빠지게 되기 쉽지.

마지막으로 우리가 인터넷에 올린 글은 절대 사라지지 않아. 흔히 자신이 쓴 글은 원할 때면 언제든 지울 수 있다고 생각해. 그래서 욱하는 마음에, 혹은 장난으로 아무렇게나 글을 쓰는 경우도 있어. 하지만 인터넷에 올린 글을 수정하거나 삭제한다고 해도 그 전에 이미 누군가가 그 글을 보았을 수도 있고, 주변 사람들에게 공유하거나 다른 사이트에 복사해 게시할 수도 있어. 정작 본인은 아무것도 모르는 사이에 말이야. 그렇게 그 글은 절대 사라지지 않고 평생 인터넷에 남아 있게 되

지. 그리고 그 글로 인해 누군가 상처를 받을 수도 있어.

인터넷 활동이 시간 낭비나 갈등이 아닌 소통으로 이어지려면 어떻게 해야 할까? 바로 다양한 사람과 소통할 수 있는 인터넷의 장점은 장점대로 살리면서 오해를 낳을 수 있는 상황이나 자기중심적이고 무책임한 행동 등 인터넷의 함정에 빠지지 않도록 자신을 관리할 수 있어야 해. 또 의식적으로 다양한 의견을 접하고 이를 토대로 논리적, 합리적으로 평가하고 판단하는 사고의 힘을 길러야 한단다.

# **네티켓**을 지키는 우리

인터넷의 함정에 빠지지 않고 건강하게 소통할 수 있는 방법은 없을까? 각자의 목적에 따라 그 방법은 다를 수 있지만, 직접 만나서 이루어지는 대화와 마찬가지로 인터넷을 통한 소통 역시 상대방에 대한 존중과 예의가 바탕이 되어야 해. 인터넷상에서 지켜야 할 상식적인 예절인 '네티켓'이 필요하지. 네티켓에는 어떤 것들이 있는지 미국 플로리다대학교의 버지니아 셰어 교수가 제시한 '네티켓 십계명'을 살펴보자.

첫째, 눈앞에 보이지 않더라도 그 상대가 사람임을 명심하자. 너무 당연한 일이겠지? 이야기를 나누는 상대가 바로 앞에 있는 것은 아니지만, 나와 똑같은 인격과 감정을 가지고 있는 사람이란 걸 잊지 말아야 해.

둘째, 실제 생활에서와 똑같은 기준과 행동을 유지하도록 하자. 사람들은 실제 생활에서는 처벌이나 주변의 평판이 두려워서 규범에 맞는 행동을 해. 하지만 인터넷상에서는 얼굴과 나이, 이름 등 자신이 누구인지 밝히지 않을 수 있어서 아무런 죄책감 없이 비윤리적인 행동을 하는 사람들도 있어. 비록 내가 누구인지 상대방이 알 수 없겠지만, 함부로 행동하는 것보다는 실제 생활에서의 양심에 비춰 행동하는 게 좋겠지?

셋째, 현재 자신이 접속해 있는 곳의 문화에 어울리게 행동하자. 인터넷에는 다양한 공간이 있고, 각 공간마다 그에 맞는 태도가 달라. 예를 들어 또래들만 모여 있는 공간에서는 줄임말이나 신조어를 사용할 수 있지만, 학교 게시판과 같이 선생님이나 학교 홈페이지에 접속하는 모든 사람이 볼 수 있는 곳에서 자제하는 게 좋아.

넷째, 다른 사람의 시간을 존중하자. 글을 읽는 사람은 자신의 소중한 시간을 내어 우리가 쓴 글을 읽는 거야. 그런데 거짓 정보를 올리거나 누군가를 비방하는 글을 올린다면 그 글을 읽는 사람은 소중한 시간을 빼앗기는 것과 같아. 글을 읽는 사람이 시간을 허비하지 않도록 도움이 되는 글, 읽을 만한 글을 쓰고 게시하는 것이 중요해.

다섯째, 인터넷상의 자신을 근사하게 만들자. 거짓이나 과장으로 자신을 대단한 사람인 양 꾸미라는 말이 아니야. 상대방을 헐뜯기 위해 말하는 사람이 아닌, 예의와 존중의 태도로 자신의 의견을 말하는 사람이 되자는 의미란다.

여섯째, 전문적인 지식을 공유하자. 거짓된 정보는 오히려 소통을 방해하고 다른 사람을 혼란스럽게 만들 수도 있지. 자신이 정확하게 알고 있는 것을 공유할 때 비로소 발전적인 온라인 공간이 될 수 있어.

일곱째, 논쟁을 할 때는 감정을 절제하자. 직접 마주 보고 대화할 때도 마찬가지지만 누군가 자신의 의견에 반대되는 의견을 낸다고 하더라도 감정적으로 대하지 않아야 해. 화부터 낸다면 의사소통이 될 수 없으니까 말이야. 친한 친구들끼리도 생각이나 의견이 각각 다른 경우가 있는데, 인터넷상에서는 어떻겠니? 모르는 사람도 있고, 사람도 더 다양하다 보니 의견도 더 다양할 수 있겠지? 그런데 인터넷의 특성상 소통을 하는 사람이 눈앞에 있지 않아 더 쉽게 과격한 표현을 쓰게 되는 경향이 있어. 그렇게 되면 그건 더 이상 논쟁이 아니라 감정 싸움이야. 논쟁이 필요하다면, 비록 눈앞에 나와 대화하는 상대가 보이지 않더라도 마주하고 있다고 생각하며 감정을 다스릴 줄 알아야 해.

여덟째, 다른 사람의 사생활을 존중하자. 누가 내 방에 함부로 들어와 이것저것 뒤지면 어떨까? 기분이 안 좋을 거야. 사이버 세상이지만 다른 사람의 사적인 영역을 허락 없이 침범

해서는 안 돼. 다른 사람의 정보나 이메일을 훔쳐보거나, 글이나 사진 등을 마치 내 것인 양 허락 없이 올리는 것은 모두 사생활을 침해하는 행동이란다.

아홉째, 내가 가진 권력을 남용하지 말자. 인터넷상에서 무슨 권력을 가질 수 있느냐고 생각할 수 있어. 무언가를 남보다 더 잘하거나 혹은 남보다 더 많은 정보를 가지고 있는 것도 권력이 될 수 있단다. 중요한 것은 그걸 가지고 상대방을 함부로 대하면 안 된다는 거야. 예를 들어, 내가 게임을 남들보다 월등하게 잘한다고 해서 나보다 게임을 못하는 사람에게 함부로 하면 안 되는 거지.

열째, 다른 사람의 실수를 용서하자. 누구나 실수는 할 수 있어. 만약 다른 사람의 실수를 발견했을 때는 공개적으로 지적하기보다는 신중하게 알려 주는 것이 좋아. 문자 메시지나 메일처럼 그 사람에게 직접 연락을 취할 수 있는 방법으로 알려 주는 배려하는 마음이 필요해.

어때? 이 중에 다른 사람이 갖지 말았으면, 나를 대할 때 없었으면 하는 내용이 있니? 예절은 내가 존중받고 싶은 것처럼 상대방을 존중하는, 서로를 존중하는 태도야. 여기 소개된 내용이 네티켓의 전부는 아니야. 친구들과 함께 소통을 위한 네티켓도 한번 만들어 봐. 친구들과 다양한 의견을 나누고 같이 만들어 봄으로써 또 하나의 소중한 소통의 과정을 경험할 수 있을 거야.

## 손으로 하는 말, 수어

우리나라에 한국어 말고 언어가 또 하나 있다는 사실을 알고 있니? 바로 '한국 수어'란다. 2016년에 한국수화언어법이 제정되면서 한국 수어 역시 한국어와 마찬가지로 우리나라의 언어로 인정받았어.

'수화'는 들어 봤어도, '수어'는 처음 들어 본 친구들도 있을 거야. 수화는 '손으로 하는 말'이라는 뜻으로, 소리 대신 손동작과 표정을 사용하는 의사소통 수단이야. 주로 청각 장애나 언어 장애가 있는 사람들이 사용해. 수어는 이러한 수화가 언어로서 권리가 있다는 걸 나타내는 표현으로, '수화 언어'의 준말이란다. 최근에는 텔레비전 뉴스뿐만 아니라 콘서트나 연극 공연에도 수어 통역사가 등장했어. 소리를 들을 수 있는 사람만 이런 활동을 즐길 수 있다는 선입견과 고정 관념을 깨 버린 거지.

수어는 우리가 앞서 3장에서 살펴본 몸짓 언어와는 달라. 무의식적으로 사용하거나 혹은 해도 되고 안 해도 되는 몸짓이 아니라, 의미 전달을 위해서 정해진 규칙을 따르는 기호로서의 손짓이거든. 수어는 손과 손가락의 모양, 손바닥의 방향, 손의 위치와 손의 움직임 등에 따라 뜻을 구별한단다. 그중에는 특별히 수어를 배우지 않아도 이해되는 동작들도 있어. 몸짓 언어를 토대로 만들어졌거나 사물의 움직임, 형태를 본떠 만들어진 것도 있거든.

수어에 사용하는 낱말의 수는 소리 언어에서 사용하는 수보다 적어. 그래서 수어를 할 때 표정이 중요해. 손만 사용하는 것이 아니라, 보다 정확한 의미를 전달하기 위해서 표정을 풍부하게 해. 목소리의 크기나 높낮이에 따라서 뜻이 달라질 수 있듯이, 수어에서는 같은 동작이라도 표정에 따라 뜻이 달라진단다. 그래서 수어 해설이 있는 뉴스를 보면, 뉴스 앵커는 감정이 드러나지 않는 얼굴로 진행하지만, 수어 통역사의 표정은 다양하게 나타나는 거란다.

그리고 수어는 높임말이 따로 없어. "지금 몇 시예요?"는 "지금 몇 시?"로 표현해. 그렇다고 수어가 예의가 없는 언어라는 의미는 아니야. 손으로 표현하다 보니 말로 이야기하는 것보다 속도가 느리고 더 복잡하기 때문에 핵심이 되는 것만 표현하는 거야. 높임말은 없지만 대신 공손한 자세나 표정을 통해 높임의 뜻을 전할 수 있단다.

혹시 '덕분에 챌린지'라고 알고 있니? 2019년 12월부터 전

세계가 코로나 바이러스 감염병으로 힘들어했잖아. 코로나19 중앙재난안전대책본부는 헌신하는 의료진들을 응원하고자 덕분에 챌린지라는 캠페인을 시작했어. 자신의 에스앤에스에 엄지손가락을 세운 오른 주먹을 왼 손바닥으로 받쳐 올린 모습을 사진이나 영상으로 찍어 올림으로써 의료진들에게 감사함을 표현하자는 거지. 이때 등장하는 손동작이 바로 존경과 자부심을 뜻하는 수어란다.

비장애인이 수어를 반드시 알아야 하는 건 아니야. 다만 소리 언어를 사용해 소통을 하든, 손과 표정을 이용하는 수어를 통해 소통을 하든, 중요한 것은 서로 다른 의사소통 방법이 있다는 것을 알고, 다름 안에서 소통하는 방법을 찾아가는 것이란다.

# 6. 폭력이 되는 말

소통 따위 필요 없어! · 혀 아래 칼을 품은 말 · 몸이 반응하는 언어폭력 · 옮아가고 커져 가는 거친 말 · 온라인의 무법자, 사이버 언어폭력

## 소통 따위 필요 없어!

우리는 의사소통을 위해 언어를 사용하지만, 그 쓰임이 바르지 못할 때는 언어가 폭력이 될 수 있어.

'폭력'이란 단어를 들으면 무엇이 떠오르니? 주먹이나 발로 누군가를 때리거나 맞는 장면, 거친 몸싸움, 혹은 몸의 상처 등이 연상될 수 있어. 《표준국어대사전》에는 폭력을 '남을 거칠고 사납게 제압할 때에 쓰는, 주먹이나 발 또는 몽둥이 따위의 수단이나 힘. 넓은 뜻으로는 무기로 억누르는 힘을 이르기도 한다.'라고 정의하고 있어. 이렇게 보면 마치 폭력을 눈에 보이는 도구를 사용할 때만 일어나는 것이라 생각할 수 있어. 하지만 우리가 사용하는 말과 글은 보이지는 않지만 날카로운 무기가 되어 상대방을 위협하고 해를 가할 수 있단다.

언어로 하는 폭력, 즉 언어폭력은 말하는 사람과 듣는 사람이 있고, 언어를 수단으로 사용한다는 점에서는 대화와 모습이 비슷해. 하지만 언어폭력을 자세히 들여다보면 가해자는 자신이 원하는 바를 얻기 위해 거친 말로 협박을 하거나 무시하고, 조롱하기도 해. 그러면서도 "나는 대화하는 거야." 하며 '대화'라는 이름으로 포장하기도 하지. 그러나 이런 방식은 절대 의사소통이 아니야. 의사소통을 위해 가장 기본이 되는 것은 바로 존중이잖아? 그런데 언어폭력은 상대방에 대한 존중을 전혀 담고 있지 않아.

어떤 사람들은 눈에 띄는 거친 말이나 욕만 언어폭력이라고 생각해. 그래서 욕을 하지 않는 이상 자신이 언어폭력을 하고 있다고 생각하지 않기도 해. 하지만 놀리거나 비난하거나 무시하는 말로 누군가에게 상처를 주었다면 이것도 폭력이라고 봐야 해.

또, 몸에 상처가 나는 것처럼 눈에 보이는 피해가 없기 때문에 언어폭력을 가볍게 생각하며 그냥 넘기기도 해. 때린 것도 아닌 '그냥 한 말'이나 '농담'일 뿐이라면서 말이야. 그런데 농담으로 그냥 한 말이라면 다 괜찮은 걸까? 피해자가 예민하게 받아들이는 것뿐이라면서 피해자 탓으로 책임을 떠넘기면 해결되는 걸까? 절대 그렇지 않아. 그 어떤 경우라도 언어폭력은 폭력일 뿐이야.

2019년 교육부의 조사 결과 학교 폭력 중 가장 많이 일어나는 폭력 유형이 바로 언어폭력이라고 해. 이 결과는 우리가 학

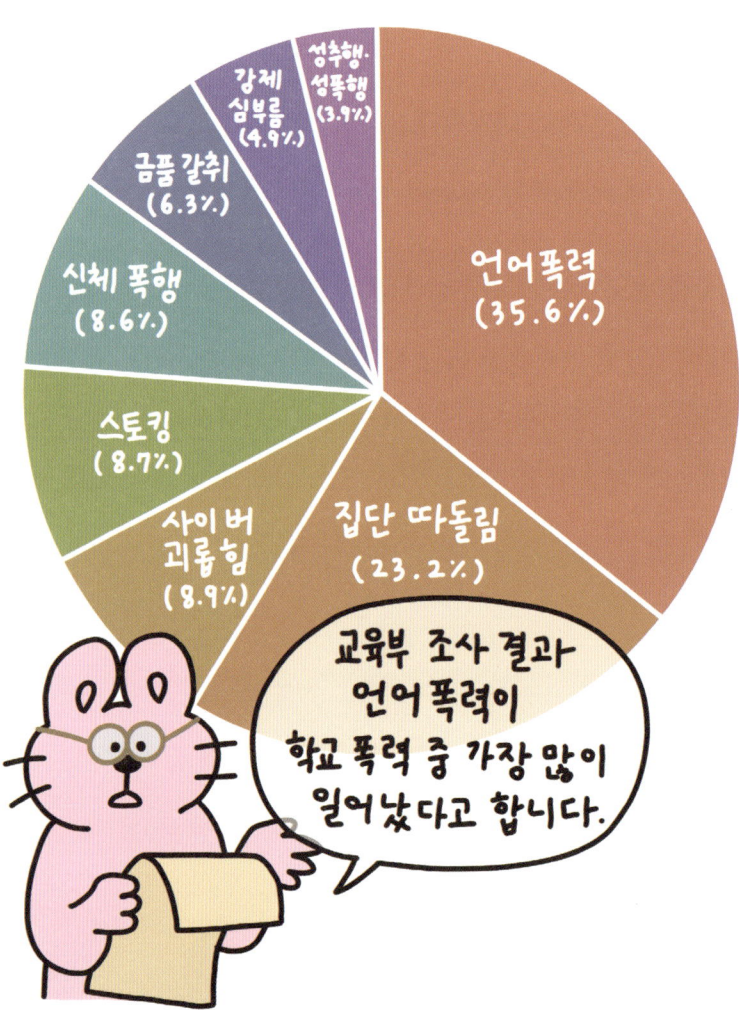

〈학교 폭력 피해 유형별 비중 (2019년)〉

자료 출처 : '2019년 1차 학교 폭력 실태 조사' 교육부

교생활을 하면서 알게 모르게 언어폭력에 노출되어 있다는 것을 보여 준단다.

어느 누구도 언어폭력의 가해자나 피해자가 되고 싶지는 않을 거야. 하지만 무엇이 언어폭력인지 알지 못한다면 나도 모르는 사이에 가해자가 될 수도, 피해자가 될 수도 있어. 학교 이외의 장소에서도 마찬가지야. 언어폭력을 예방하기 위해서는 그 실체를 정확하게 알고 있어야 해. 그럼 지금부터 소통을 방해하고 관계를 해치는 언어폭력에 대해 더 깊이 알아보기로 하자.

## 혀 아래 **칼**을 품은 말

　모든 폭력이 그러하듯이 언어폭력 역시 자신이 상대보다 우월해서 상대방을 마음대로 해도 된다는 생각과 닿아 있어. 힘, 외모, 지식, 성격, 경제력, 사회에서의 위치 등 다양한 부분에서 '내가 너보다 위야!' 하고 생각하며 폭력을 휘두르는 거지. 폭력은 자기의 힘을 과시하려 들거나, 문제 또는 갈등을 해결할 때 소통보다는 힘을 이용해 억지로 상대방을 굴복시키려 들거나 이득을 보려고 하는 경우에 일어나. 사회 문제가 되고 있는 갑질을 떠올려 봐. 갑질 역시 자신의 힘으로 상대적으로 낮은 지위에 있는 사람에게 폭력을 행사하는 거야.
　물리적 폭력은 대개 언어폭력과 함께 일어나는데, 어떤 말들이 폭력이 되는 걸까? 쉽게 떠올릴 수 있는 욕과 같은 거친 말을 비롯해서 다른 사람의 능력이나 외모를 놀리는 조롱과 하찮게 취급하는 비하, 상대방의 약점을 들추어내 헐뜯는 비방, 사실이 아닌 내용을 사실인 것처럼 퍼뜨리는 유언비어, 성희롱 등도 언어폭력에 해당돼. 또, 공격적이거나 위협적인 내용의 말로 물리적 폭력을 떠올리게 하거나 공포 분위기를 만드는 것도 포함되지. 학교에서는 언어폭력이 어떻게 나타나는지 살펴보자.

◎ **언어·심리적 유형의 학교 폭력**
① 별명 부르기　　　　　② 험담하기
③ 빈정거리거나 조롱하기　④ 나쁜 소문 퍼뜨리기
⑤ 위협적인 행동하기　　　⑥ 음란한 눈빛과 몸짓 짓기
⑦ 행동을 사진이나 동영상으로 찍어 수치심을 느끼게 하기
⑧ 인터넷 카페나 학교 게시판에 협박하는 글 올리기

평소에 무심코 했던 말이나 행동 들이 언어폭력이 될 수 있다는 사실에 놀란 친구들도 있을 거야. 별명을 부르는 게 무슨 언어폭력이냐고 생각할 수도 있어. 모든 별명이 언어폭력이 되는 건 아니야. 당사자가 원하지 않는, 놀림이나 비난의 의도를 담아 부르는 별명이 언어폭력에 해당돼. 그 전에는 모르고 했다면, 이제부터라도 이러한 말과 행동이 언어폭력이 된다는 걸 꼭 명심하도록 하자.

여기에 더불어 차별 언어에 대해서도 생각해 보면 좋겠어.

말은 사회의 모습을 담아. 그래서 이전에는 아무렇지 않게 사용하던 말도 사회의 가치가 변하면 다르게 해석될 수 있어. 이미 오래전부터 사용했던 말이라도 듣는 사람에게 상처를 주는 표현이나 말이 되기도 한다는 거야. 처음에 그 말이 생겨날 때는 비하하는 의도가 없었다고 해도 사회가 바뀌면서 말 자체에 비하의 뜻을 갖게 된 말들은 고쳐 쓰는 게 좋아.

예를 들어 볼까? 2014년 법제처는 법률에 나오는 장애인 비하 용어를 고쳐 쓰기를 권고했어. '장님'과 '맹인'은 '시각 장애인', '귀머거리'는 '청각 장애인', '벙어리'는 '청각 및 언어 장애인'으로 말이야. 장님, 맹인, 귀머거리, 벙어리라는 말들이 처

음에는 각각의 장애를 가진 사람들을 가리키기 위해 생긴 말이었다고 해도 지금은 비하의 의도를 담아 사용되는 경우가 있기 때문에 다른 말로 바꾸자는 거지. 장갑 중에 엄지손가락만 따로 넣고, 나머지 네 손가락은 함께 넣어 끼는 '벙어리장갑' 알지? 장갑 이름에서 장애가 연상될 수 있어서 '엄지장갑' 또는 '손모아장갑' 등 다른 명칭으로 바꾸자는 캠페인도 있었단다.

 우리가 지금 사용하는 속담 중에도 차별이나 편견을 담고 있는 것들이 있어. 속담 역시 그 사회의 모습을 담고 있기 때문에 그 당시에는 당연하게 사용했던 것도 지금 사회의 모습과는 다를 수 있지. 예를 들어 "암탉이 울면 집안이 망한다."라는 속담은 여성들의 사회 진출을 부정적으로 보고, 그러한 인식이 당연하게 여겨졌던 시대에 나온 말이야. 가부장적인 사회에서는 여성들이 의견을 주장하는 것을 좋지 않게 보고 사회 활동도 제한했거든. 하지만 지금은 어때? 여자와 남자 구별 없이 사회에서 자기의 기량을 발휘하는 것이 사회의 가치란다.

 우리 자신이 소중한 존재이듯이, 상대방도 인격을 가진 소중한 존재라는 점을 잊어서는 안 돼. 평소에 다른 사람을 비하하고 조롱하거나 따돌리며 인격을 해치는 언어를 무의식중에 사용하지 않도록 자신의 언어를 세심하게 살피기로 하자.

### TIP 내가 차별하는 말을 한다고?

차별하는 의도를 담은 말들은 생각보다 널리 쓰이고 있어. 앞서 이야기했듯이 이전에는 큰 문제없이 당연하게 사용했기 때문에 지금도 이어지고 있는 거야. 습관으로 말이야. 하지만 같은 말이라도 사회의 가치가 변하면서 그에 대한 평가가 달라진단다.

2018년 서울시에서는 사회의 다양한 모습을 인정하고 존중하기 위해서 차별어 순화 정책을 시행했어. 성역할을 고정시키는 말을 바꾸려는 시도도 들어 있어.

- 일반인 → 비장애인    • 유모차 → 유아차, 아기차
- 결손 가족 → 한부모 가족, 조손 가족
- 편부, 편모 → 한부모    • 불우 이웃 → 어려운 이웃
- 조선족 → 중국 동포    • 미망인 → 고 ○○○(씨)의 부인
- 내조/외조 → (배우자의) 도움
- 녹색 어머니회 → 녹색 학부모회

이외에도 아직 차별의 의도를 담고 있는 말들이 많아. 예를 들면, '다문화'라는 말도 처음에는 국제결혼을 통해 이루어진 가

정이라는 개념으로 행정의 편의상 만든 말이었는데, 시간이 지나면서 이 말 자체가 차별하는 의도로 사용되는 경우가 생겨났어. 분명 각자는 이름이 있고 다양한데 '다문화'라는 특징으로만 인식되는 것에 당사자들이 상처를 받았지. 우리는 이러한 말들을 사용할 때 좀 더 주의를 기울일 필요가 있어.

단어 외에도 "남자는 태어나서 세 번만 우는 거야." "여자애가 왜 이렇게 뛰어다녀. 여자는 얌전해야 해."와 같이 성별에 따라 특정한 모습을 강요하는 표현도 차별을 담고 있는 거야. 남자는 울고 싶을 때 울면 안 되는 걸까? 여자는 뛰어놀면 안 되는 걸까? 이런 표현은 우는 남자는 마치 남자가 아닌 것처럼, 얌전하지 않은 여자는 여자가 아닌 것처럼 취급하게 만들어.

익숙하게 쓰던 말을 바꾸는 건 쉽지 않아. 그렇다고 "난 차별하려는 뜻은 없었어. 다들 쓰는 말이잖아."라며 바꾸려는 노력조차 하지 않는 건 무책임한 거란다. 어떤 말이 차별어인지 아는 것도 필요하지만, 먼저 자신의 생각에서 차별을 없애는 것이 중요해. 아무리 말을 바꾼다고 해도 생각이 안 바뀌면 또 다른 말로 차별이 표현될 테니까 말이야. 나의 언어 습관과 생각 중에 고쳐야 할 부분은 없는지 되돌아보는 시간을 가져 보길 바라.

# 몸이 반응하는 언어폭력

 언어폭력으로 인한 피해는 물리적 폭력과 다르게 겉으로 상처가 잘 드러나지 않기 때문에 피해자가 큰 피해를 입지 않는 것처럼 보이기도 해. 그래서 많은 사람들이 언어폭력의 심각성을 제대로 인지하지 못하고 있어. 하지만 언어폭력은 심리적, 정서적 폭력과 연결되어 있어서 신체에 가하는 물리적 폭력 못지않게 정신적으로 큰 피해를 입혀.

 언어폭력의 피해자는 우울감, 불안, 당혹감, 분노, 흥분 등 심리적, 정신적 고통을 겪게 되는데 이러한 고통은 몸의 기능에도 영향을 미쳐. 사람의 감정은 뇌와 연결되어 있는데, 뇌는 감정을 느끼게 하면서 동시에 감정의 영향도 받거든. 그런데 폭력을 당한 후 느끼게 되는 불안이나 분노 등의 부정적인 감정이 큰 자극을 주면 감정을 조절하는 뇌 기능이 제대로 작동되지 않을 수 있어. 심한 경우에는 스스로 통제할 수 없을 만큼 충동적이고 공격적인 모습이 나타나기도 하지.

 그런데 언어폭력은 듣는 사람에게만 피해를 주는 것이 아니야. 예를 들어 욕을 말하는 순간 뇌에서 충동과 즉각 반사를 담당하는 부분이 자극을 받는데, 이렇게 되면 또다시 욕을 하게 될 가능성이 높아진다고 해. 그래서 이런 폭력적인 언어를 계속 사용하면 더 충동적이고 더 공격적으로 되는 거지. 자기도 모르는 사이에 말이야.

말은 보이지 않는다고 해서 뱉고 나면 사라지는 것이 아니란다. 폭력적인 언어는 피해자에게 심리적, 정신적, 신체적 고통을 주는 것은 물론이고, 가해자 본인도 해치는 일이야.

## 옮아가고 커져 가는 **거친** 말

   행동이나 지식은 책이나 수업뿐 아니라 생활 속에서 다른 사람을 통해 배우기도 해. 아기가 다른 사람들과 인사하는 엄마 아빠를 보면서 자연스럽게 인사하는 것을 따라 한다거나, 친한 친구끼리 말투가 닮아 가는 것처럼 말이야. 이런 것을 '모방'이라고 해. 모방을 통한 학습은 자연스러운 현상이지.

   그런데 문제는 폭력과 같은 부정적인 모습도 모방될 수 있다는 점이야. 가정에서 부모나 형제자매가 욕하는 모습을 자주 접한 사람은 밖에서 다른 사람들에게 쉽게 욕을 할 수도 있어. 친구들이 욕을 쓰는 경우, 그 친구들과 어울리기 위해 똑같이 욕을 하는 경우도 있지. 같이 욕을 하면서 자신들의 관계가 좀 더 끈끈해질 거라고 착각해서 말이야.

   모방은 미디어를 통해서도 이루어져. 텔레비전이나 인터넷에서 본 재미있다고 생각하는 유행어나 행동 등은 사람들이 금세 따라 하잖아. 이것 역시 모방을 통해 학습한 거야. 그런데 재미를 위해서 보는 방송이 실제 언어생활에는 나쁜 영향을

줄 수도 있어. 웃음과 재미를 만들며 시청자들의 관심을 끌고 화제가 되는 프로그램을 만들겠다는 이유로 비속어나 욕, 차별어를 사용하거나 과격한 행동들을 서슴지 않게 하거든. 예능 프로그램, 드라마, 심지어 뉴스나 신문에서도 오직 사람들의 관심을 끌기 위해서 자극적인 이야깃거리와 단어를 사용하는 경우가 있어. 제작자는 실재가 아닌 만들어 낸 허구일 뿐이라고 말하지만, 이를 보는 시청자들, 특히 어린이들의 경우 실재인지 허구인지 아직 명확하게 분별해 내기 어렵지.

그런데 이런 미디어에 나오는 언어폭력을 알아채지 못하고 그냥 받아들이면 어떻게 될까? 그리고 그런 현상이 계속된다면? 실제 생활에서 비슷한 상황이 일어났을 때 다른 친구들을 웃기고 주목받고 싶다는 생각에 무심코 폭력적인 언어를 사용할 수 있지 않을까? '텔레비전에도 나오는 말인데 뭐 어때!' '어른도 쓰는 말이잖아.' '잘나가는 유튜버도 이렇게 해.' 하면서 말이야. 계속 주목받고 싶은 마음에 거친 말은 점점 더 세지기도 해. 익숙해진 자극을 뛰어넘어야 사람들이 계속 주목할 테니까 말이야. 처음 들었을 때는 나쁜 말이라고 생각했더라도 그 말을 여러 번 듣다 보면 더 이상 나쁜 말이라는 판단을 못 하게 될 수도 있단다. 반복되는 자극에 무뎌지는 거지.

우리에게 필요한 것은, 텔레비전이나 인터넷 방송, 유튜브 등 미디어에서 접한 것을 무조건 받아들이기보다는 어떤 것은 좋은 표현이고, 어떤 것은 좋지 않은 표현인지 가려낼 수 있는 비판적 사고란다.

# 온라인의 무법자, **사이버** 언어폭력

앞에서 글로 의사소통을 하는 온라인에서도 언어폭력이 일어날 수 있다고 했지? 인터넷 게시판이나 채팅방에서 누군가에 대해 모욕적인 말과 욕으로 협박, 조롱, 비하하는 말을 하거나 유언비어를 퍼뜨리는 것을 '사이버 언어폭력'이라고 해. 최근에는 컴퓨터나 스마트폰과 같은 전자 매체를 통해 언어폭력을 가하며 괴롭히는 사이버 불링이 급증하고 있어. 메신저 애플리케이션의 단체 채팅방에서 여러 사람이 특정인에게 언어폭력을 가하고, 피해자가 채팅방을 나가면 지속적으로 채팅방에 초대해서 괴롭히는 거지.

방송통신위원회가 발표한 '2017년 사이버 폭력 실태 조사'에 따르면, 사이버 폭력의 유형 중 사이버 언어폭력이 가장 높게 나왔어. 그런데 더 큰 문제는 가해자들이 그냥 재미있어서, 또는 스트레스 해소를 위해 사이버 폭력에 가담했다는 거야. 게다가 특별한 이유 없이 피해자를 괴롭혔다는 대답도 있었지.

사이버 언어폭력을 포함해 이러한 사이버 폭력은 왜 일어나

**동물나라 대나무숲**

3반 김O끼 웃음소리 나만 거슬려?

 35개

(익명) 어ㅋㅋㅋ 나만 그런 생각하는줄.
(익명2) ㄴ 나도;;
(익명3) 말 나왔으니 말인데, 눈웃음도 별로······.

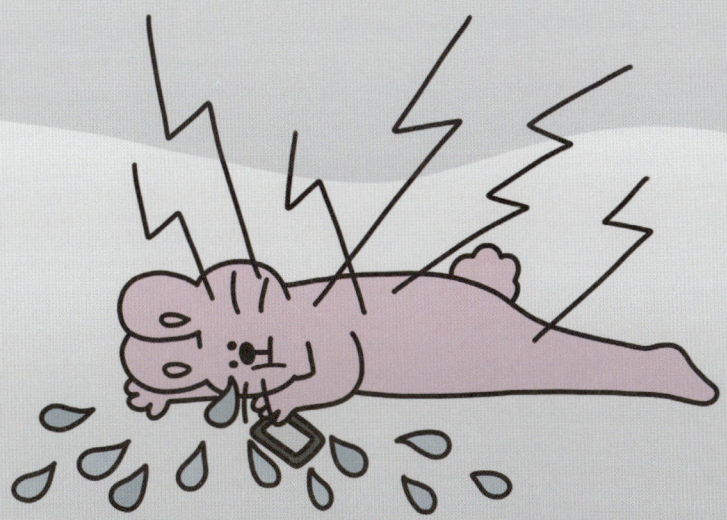

는 걸까? 그 원인 중 하나로 인터넷의 특징인 익명성을 들 수 있어. 온라인에서는 이름, 주소, 생김새 등 실제 자신의 정보를 드러내지 않아도 활동이 가능하다고 했잖아. 그래서 다른 사람의 눈치를 보지 않고 좀 더 자유롭게 의사 표현을 할 수 있다는 장점이 있지만, 반면에 자신의 말에 대한 책임감을 무더지게 만들 수도 있어. 내가 누구인지 상대방은 알지 못할뿐더러 곤란한 상황이 생겨도 인터넷을 꺼 버리면 그 상황에서 금방 빠져나올 수 있잖아. 언어폭력을 저지르는 사람들은 이 점을 악용하는 거야. 가해자는 자신의 정체를 피해자가 알 수 없고, 그래서 절대 자신에게 책임을 물을 수 없을 거라고 생각해 사이버 언어폭력을 멈추지 않는 거야.

또, 자신의 행동을 수정할 기회가 온라인에서는 적다는 것도 사이버 언어폭력의 원인이 되기도 해. 현실에서는 우리가 잘못된 행동이나 나쁜 말을 하면 친구, 부모님, 선생님 등 주변 사람들로부터 바로 제재를 받지만, 온라인에서는 그럴 기회가 적어. 그러다 보니 상대방의 반응으로 내 행동을 수정할 수 있는 기회를 놓치게 되는 거야. 자신이 한 행동이 잘못됐다는 걸 모르는 경우 상황은 더욱 심각해져. 잘못을 지적해 주는 사람이 없으니까 잘못된 행동이라는 걸 깨닫지 못하고 계속해서 언어폭력을 하게 되니까 말이야. 상대방이 눈에 보이지 않으니까 어떤 피해가 일어났는지, 어떤 영향을 주고 있는지도 전혀 알지 못하지.

온라인 공간에서는 클릭 한 번으로 인터넷에 올라온 모든 글이 공유될 수 있어. 내가 누군가를 비방한 글이라든지, 반대로 누군가 나를 비방한 글이 언제, 어디서, 누구에게 전달되고 공개될지 몰라. 피해자가 자신이 언어폭력의 대상이 되었다는 사실을 모르고 있다가 나중에 알게 되면서 큰 충격을 받는 경우도 있어. 누가, 무엇 때문에 자신에 대해 유언비어를 퍼뜨리고 비방을 하는지도 모르는 채 공격을 당하기 때문에 사이버 언어폭력의 피해자들은 정신적으로 큰 스트레스를 받아.

우리는 사이버 언어폭력의 피해자로 연예인이나 유명인들을 쉽게 떠올릴 수 있어. 그들은 직업의 특성상 원하든 원하지 않든 불특정 다수의 사람들에게 관심과 평가를 받아. 자신들을 좋아해 주는 팬들을 통해 지지를 받기도 하지만, 비방이나 비하, 유언비어 같은 악의적인 댓글로 고통을 당하기도 해. 실제로 자신에 대한 악플●로 심한 고통을 받다가 스스로 목숨

● '악성'과 댓글을 뜻하는 영어 '리플라이(reply)'를 합친 말로, 상대방의 글에 악의적으로 비방 또는 험담을 하는 댓글

을 끊는 사람들도 있었어. 그런데 이런 일이 일반인에게도 일어나고 있어. 한 사례로, 텔레비전의 한 퀴즈 프로그램에서 우승을 했던 고등학생이 우승 이후에 외모 평가와 성희롱 댓글, 자신에 대한 허위 사실이 인터넷에 올라와 힘들었다며 고통을 털어놓기도 했어.

사람들은 악플은 누가 썼는지 알 수 없기 때문에 처벌도 불가능할 거라 생각해. 하지만 실제로는 처벌이 가능하단다. 익명의 아이디를 사용하고 있다고 해도 수사 기관을 통해 아이디를 추적할 수 있거든. 악플의 경우 모욕죄나 명예 훼손죄를 적용해 처벌할 수 있어.

안타까운 사건들이 일어날 때마다 깨끗한 인터넷 사용을 하자는 목소리가 나오고 있어. 우리나라에서는 한 민간단체가 선플*달기 운동을 진행하고 있어. 말 그대로 비방이나 혐오가 아닌 선한 댓글을 달자는 캠페인이야. 힘든 일을 겪고 있는 사람에게 "힘내세요!"라는 댓글을 단다거나, "화재 진압에 애쓰시는 소방관분들 감사합니다."처럼 위로, 희망, 용기, 감사 등을 표현하는 거지.

* '착한 인터넷 댓글'이라는 뜻으로, 악플의 반대말

또, 악플로 인한 피해를 막기 위해 여러 인터넷 포털 사이트에서는 연예 관련 뉴스의 댓글 창을 잠정 폐지하고 있어. 한편 영국의 윌리엄 왕자는 사이버 집단 괴롭힘의 위험성을 알리고, 어린이와 청소년을 대상으로 하는 애플리케이션의 개발을 추진하고 있다고 해. 키보드로 입력하는 메시지를 분석한 다음, 메시지를 쓰는 사람에게 감정 조절이 필요하다고 판단될 경우에 애플리케이션이 조언을 해 주는 시스템이라고 해.

 우리가 사용하는 말은 '칭찬으로 고래도 춤추게 할 수도' 있고, '말 한마디로 천 냥 빚을 갚을 수도' 있어. 반면 날카로운 칼이 되어 사람을 해칠 수도 있지. 말 한마디라도 상대방에게 어떻게 하느냐에 따라 전혀 다른 결과를 가져올 수 있다는 말이야. 친구들은 어떤 말을 듣고 싶니? 나를 살리는 말? 나를 죽이는 말? 내가 듣고 싶은 말이 곧 상대도 듣고 싶은 말이란다. 어떤 말을 하는 사람이 될지는 본인에게 달려 있어. 의사 표현을 하는 공간이 어디든 자신의 말이나 글에 책임을 져야 한다는 점을 잊지 말자.

# 7. 평화로운 대화

마음을 전하는 비폭력 대화 · 관찰한 것 말하기 · 느낌 말하기 · 욕구 말하기 · 긍정적인 언어로 부탁하기 · 평화로운 대화 속에 흐르는 우리 마음

# 마음을 전하는 비폭력 대화

 달리다가 넘어지면 어떻게 될까? 피부가 까지고 피가 나겠지. 까진 상처는 스치기만 해도 따가울 거야. 그러면 우리 몸은 상처 난 부위를 보호하기 위해 딱딱한 딱지를 만들어 내.
 몸에 상처가 나듯이 다른 사람들과의 관계 속에서 마음이 다치면 마음에도 상처가 생길 수 있어. 그리고 내 마음을 더 이상 다치게 하고 싶지 않아서 마음에도 딱지가 생기게 되지. 그런데 이 딱지는 우리 마음을 보호해 주기도 하지만 다시 풀리지 않으면 상대방에게 아예 마음을 닫아 버리게 만들기도 한단다.
 미국의 심리학자 마셜 로젠버그는 의사소통이 제대로 이루어지지 않아 갈등을 겪는 사람들을 연구했어. 그리고 연구를 통해 중요한 사실을 알아냈지. 사람들이 쓰는 언어와 그 표현 방식이 자신들은 전혀 그렇지 않다고 생각하지만, 실제로는 자기 자신이나 상대방에게 상처를 주고 마음을 아프게 한다는 거야. 물론 제대로 소통할 수 없는 상태가 되기도 하고 말이야.

마셜 로젠버그는 이런 점에 착안해서 서로의 마음을 잘 헤아려 주는 대화법으로 '비폭력 대화'를 소개했어. 비폭력 대화는 자신의 마음을 살펴보는 것에서 시작해서 상대방의 마음도 이해하며 나누는 대화 방법이란다.

감정은 가장 정직한 반응이야. 감정을 이해하지 못하고는 나 또는 상대방을 이해하기 힘들어. 그래서 비폭력 대화에서는 감정을 제대로 표현하는 전달 방식을 중요하게 여긴단다. 감정을 직접 보여 주는 것이 아니라 감정에 대한 대화를 하는 거야. 아래의 두 대화를 비교해 볼까?

◎ **연락 없이 집에 늦게 들어온 상황 ①**
**엄마** 너 지금이 몇 시야? 도대체 얘가 왜 이럴까?
**아이** 내가 뭘요. 좀 늦을 수도 있죠.
**엄마** 뭐? 뭘 잘했다고 말대답이야?
**아이** 어차피 내 말은 듣지도 않잖아요!

◎ **연락 없이 집에 늦게 들어온 상황 ②**
**엄마** 무슨 일 있었니? 일곱 시가 넘어도 오지 않아서 걱정 많이 했어.
**아이** 아, 죄송해요. 오는 길에 진혁이를 만났거든요. 근데 진혁이가 다리를 다쳐서 제가 가방을 좀 들어다 줬어요. 얼마 안 걸릴 줄 알았는데. 다음부터는 꼭 연락할게요.
**엄마** 그랬구나. 그래, 다음부터는 미리 연락해 주렴.
**아이** 네.

첫 번째 대화는 걱정으로 시작해 아이에게 화가 난 엄마의 감정, 자신의 말을 들어 주려 하지 않는 엄마에게 화난 아이의 감정, 각자가 자기의 감정만 드러내고 있어. 반면 두 번째 대화는 서로의 마음을 알아주고 인정해 주면서 자신의 의견을 전달하고 있지. 어때? 같은 상황이지만 어떻게 대화하느냐에 따라 소통이 되기도 하고, 소통이 되지 않기도 하지?

비폭력 대화는 두 번째 대화처럼 서로에게 상처를 주지 않으면서 자신의 입장과 마음을 전달하는 대화 방법이야. 갈등이 생길 수 있는 상황에서 상대방을 비난하지 않고 자신의 마음을 솔직하게 표현해 갈등을 해결하고자 하지.

비폭력 대화법의 기본은 관찰, 느낌, 욕구, 부탁, 이 네 가지 요소를 통해 단계적으로 자신의 마음을 표현하는 것이란다. 자신을 표현하는 게 처음에는 쉽지 않겠지만, 여기서 소개하는 방법들이 길잡이가 되어 줄 거야.

# **관찰**한 것 말하기

가장 먼저 차분한 관찰이 필요해. 현재 어떤 상황인지 살피고, 상대방의 말이나 행동 등을 있는 그대로 관찰하는 거야. 경청을 할 때 나를 비우고 듣는 것처럼, 나를 비우고 모든 것을 보는 거지. 쉬울 것 같지? 하지만 우리는 관찰과 관찰이 아닌 것을 혼동하곤 해. 다음 표를 통해 이 둘이 어떻게 다른지 살펴보자.

| 관찰 표현이 아닌 것 | 관찰 표현인 것 |
|---|---|
| 손흥민은 대단한 축구 선수다. | 손흥민은 지난 경기에서 두 골을 넣었다. |
| 영미는 약속을 안 지킨다. | 영미가 약속 시간에 30분 늦게 왔다. |
| 호동이는 엄청 먹는다. | 호동이는 쉬는 시간에 빵 두 개를 먹었다. |

다른 점이 무엇인지 알겠니? 관찰은 판단이나 평가가 들어가지 않아. 관찰은 객관적이지만 판단이나 평가는 주관적이지. 사람마다 어떤 것을 바라보는 기준과 가치관이 다를 수 있어. 그런데 자신의 가치관과 맞지 않을 때 우리는 다른 사람의 행동을 나쁘다, 틀렸다와 같이 판단하거나 평가하기 쉬워. 마치 빨간 안경을 쓰고 토끼를 보면서 "토끼는 빨개."라고 말하는 것과 같아. 자신만의 기준으로 바라보는 거지.

판단이나 평가는 듣는 사람으로 하여금 '지금 나를 비난하는 건가?' 하는 생각이 들게 해서 듣는 사람을 방어적으로 만들어. 게다가 우리가 내리는 판단은 그것이 진실인지 아닌지 확인되지 않은 경우가 많단다. 그렇기 때문에 어떤 것에 대해 섣부르게 판단을 내리는 건 위험해.

또, 어떤 감정에 사로잡히면 있는 그대로를 관찰하기가 어려워. 감정 때문에 그릇된 판단을 내리기 쉽거든. 화가 나면 상대방의 말이나 행동보다 그 사람 자체를 부정적으로 볼 수 있어. 그렇게 되면 그 사람이 콩으로 메주를 쑨다고 해도 믿지 않으려고 하지.

내가 속한 상황을 객관적으로 관찰하는 것이 처음에는 쉽지 않을 수 있어. 하지만 비폭력 대화에서 이 관찰은 기본이자 시작이란다. 관찰을 잘하면 자기 자신이나 상대방을 떠나 다양한 인간관계와 상황이 있다는 것을 알 수 있어.

# **느낌** 말하기

객관적으로 관찰을 한 다음은 그 상황에서 일어난 자신이 느끼는 감정을 살펴보고 말하는 거야.

감정은 '기쁘다' '슬프다' '행복하다' '두렵다'와 같은 느낌인데, 자신의 내부 혹은 외부에서 들어오는 자극에 몸이 반응하는 거야. 전기가 통하면 불이 들어오는 것처럼 자극에 대한 반응인 셈이지. 그렇기에 감정 자체는 좋고 나쁨이 없어. 그저 '나는 이 상황에서 이런 감정이 일어나.'를 의미하는 거야. 비폭력 대화에서는 자신이 느낀 감정을 솔직하게 표현하는 게 중요해. 그래야 상대방이 나를 제대로 이해할 수 있거든.

이때 중요한 게 있어. 바로 감정과 생각은 다르다는 거야. 우리는 생각을 나타낼 때도 '느낀다'라는 말을 자주 써. "내가 바보 같다고 느껴져."처럼 말이야. 하지만 사실 이것은 감정이 아닌 생각이야. 감정은 몸에서 저절로 일어나는 반응이지만, 생각은 자기의 판단이나 해석을 담고 있는 거거든. 그러니까 "내가 바보 같다고 생각해."가 더 정확한 표현인 거지. 그런 생각들로 인해 '슬프다' '속상하다'와 같은 몸으로 느껴지는 감정이 생기는 거야.

조금 어렵게 느껴지니? 감정 표현이 아닌 것을 감정 표현으로 바꿔 보면 이해하기 좀 더 쉬울 거야.

- 아빠는 나를 미워해.
  → 아빠가 큰 소리로 말하면 무서워.
- 나는 바보 같아.
  → 내 의견을 제대로 말하지 못해서 속상해.
- 친구들이 나를 무시한다고 느껴.
  → 친구들이 나보고 말하지 말라고 해서 서운해.

아빠가 큰 소리로 말한 상황에서 몸에 자극을 준 것은 '큰 목소리'이고, 그에 대한 반응, 즉 감정은 '무서움'이야. 아빠가 나를 미워한다는 건 나의 생각이고 판단이지. 다른 예도 마찬가지야.

감정은 자신이 원하는 것, 즉 욕구와도 관련이 있어. '기쁘다' '행복하다'와 같이 긍정적으로 여기는 감정은 우리가 원하고 필요로 하는 바가 채워졌을 때 일어나는 감정이야. 반면 욕구가 채워지지 않았을 때 드는 감정은 부정적으로 여겨. 예를 들어 달리기 시합에서 좋은 성적을 거두고 싶은 욕구가 있을 때 일 등을 하게 되면 '기쁘다'라는 감정이 들지만, 넘어져서 기대하던 성적을 거두지 못했다면 '우울하다' '짜증난다'라는 감정이 드는 거지. 좋은 성적을 내고 싶은 나의 욕구와 그 결과에 따라 다른 감정이 일어나는 거란다.

감정을 말할 때는 모호하게 설명하는 것보다 구체적으로 하

는 것이 더 효과적이야. 그냥 '좋다'라고 표현할 수도 있지만, 상황에 따라 '기쁘다' '뿌듯하다' '즐겁다'처럼 다양하게 나타낸다면 더 정확하게 자신을 표현할 수 있어. 그러기 위해서는 다양한 감정을 알고 있다면 좋겠지?

   친구나 가족과 이야기할 때 아래 나온 감정 표현들을 활용해 봐. 그러면 감정을 좀 더 명확하게 표현할 수 있게 될 거야.

◎ **원하는 것이 채워졌을 때 느끼는 감정**
감격스럽다, 고맙다, 기대되다, 기쁘다, 놀라다, 당당하다, 떳떳하다, 두근대다, 들뜨다, 만족하다, 뿌듯하다, 설레다, 신나다, 안심되다, 자신 있다, 재미있다, 편안하다, 행복하다, 흐뭇하다, 흥미롭다, 힘 나다 등

◎ **원하는 것이 채워지지 못했을 때**
걱정되다, 괴롭다, 그립다, 따분하다, 답답하다, 당황스럽다, 두렵다, 무섭다, 미안하다, 부끄럽다, 분하다, 불안하다, 섭섭하다, 속상하다, 슬프다, 실망하다, 아쉽다, 외롭다, 짜증 나다, 지겹다, 초조하다, 피곤하다, 화나다 등

# 욕구 말하기

 욕구는 어떤 것을 원하거나 필요로 하는 마음이야. 사람이 가지는 욕구는 다양해. 배고프면 먹고, 졸리면 자고, 안전하게 보호받고 싶은 생존과 안전을 위한 욕구도 있고, 다른 사람과 긍정적인 관계를 맺고 싶은 욕구, 자기 스스로 선택하고 싶은 욕구, 존중받고 싶은 욕구, 재미를 추구하는 욕구, 아름다움을 좇는 욕구, 새로운 것들을 알고 싶은 욕구 등 수없이 많아.

 앞에서 살펴본 대로 이러한 욕구가 채워졌을 때와 그렇지 않았을 때 느끼는 감정이 달라. 또 어떤 욕구를 가지고 있느냐에 따라 감정이 다르게 나타나기도 하지. 달리기 시합에서 순위에 관심이 없는 사람은 일 등을 하지 못해도, 시합 중간에 넘어져 순위가 뒤처져도 크게 실망하지 않을 거야. 하지만 꼭 일 등을 하고 싶어 했던 사람이라면 무척이나 실망하고 우울하겠지? 이처럼 나의 감정을 솔직하게 느끼고 알아채면 나의 욕구가 무엇인지 알 수 있어.

 하지만 우리는 종종 "너 때문에 화가 나!" "도대체 왜 나를 이렇게 귀찮게 구는 거야?"와 같이 내 감정에 대해 다른 사람을 빌려 말할 때가 있어. 감정은 다른 사람 때문에 생기는 게 아니라 바로 내 욕구 때문에 생기는 건데 말이야. 물론 다른 사람의 말이나 행동이 어떤 상황을 만들 수는 있지만, 감정은 내 욕구에서 비롯된 거야. "형 때문에 나는 괴로워."라는 말은 형과 사이좋게 지내고 싶은 욕구가 있는데, 이것이 채워지지 않아 괴로운 것이지.

그런데 자신의 욕구가 상대방을 비판하고, 분석하고, 평가하는 말로 표현되면 듣는 사람은 마음이 불편해져. 자신을 비난하는 것으로 들리거든. 게다가 상처받고 싶지 않아 방어막을 치면 소통할 수 없는 상황이 돼.

따라서 상대방을 탓하는 말보다는 내 욕구를 표현할 수 있도록 노력해야 해. "엄마는 동생만 예뻐해."가 아니라 나도 엄마에게 사랑받고 싶다는 욕구를 명확하게 표현하는 거야. 자신의 욕구를 말할 때는 욕구만 이야기하는 것보다 "나도 엄마한테 칭찬받고 싶은데 똑같은 행동을 해도 엄마가 동생만 칭찬해 주니까 속상해요."라고 감정과 함께 말하면 상대방이 더 잘 이해할 수 있단다.

감정을 말로 드러내는 것은 문화마다 차이가 있어. 예전에

우리 문화는 원하는 것을 직접 표현하기보다는 드러내지 않고 참는 것이 미덕이라고 가르쳤어. 하지만 지금은 무조건 참는 것보다는 적절하게 자신을 드러내는 게 소통에 도움이 된단다. 2장에서 살펴본 조해리의 창을 한번 떠올려 볼까? 숨겨진 영역이 많을수록 진심을 알기는 힘들어. 서로의 마음을 모르는 채 비난하고 탓하기보다 서로가 원하는 것을 알게 되면 그것들을 충족시킬 방법을 찾을 가능성이 커진단다.

# 긍정적인 언어로 부탁하기

마지막 단계는 부탁하기야. 관찰하고, 느끼는 감정을 확인하고, 욕구를 표현한 다음, 필요하다면 원하는 것을 부탁하는 거야. 이때 무턱대고 조르거나 해 달라고 윽박지르면 안 돼. 부탁하는 데에도 방법이 있어.

부탁은 긍정적인 언어로 표현하는 게 좋아. "~하지 마."와 같이 원하지 않는 것을 표현하는 것보다 "~해 줬으면 좋겠어."나 "~해 줄래?"와 같이 원하는 것을 표현하는 게 더 나은 방법이야. 또, 모호한 내용이나 표현보다는 구체적이고 정확한 말과 표현을 사용하는 게 좋아. 예를 들어 "조금만 더 같이 걷자."보다는 "십 분만 더 걸으면 어때?"가 더 구체적이고 정확하지?

그리고 부탁을 할 때는 느낌과 욕구가 함께 표현되면 좋아. 그렇지 않으면 듣는 사람은 상대방이 자신에게 명령이나 강요를 한다고 느낄 수 있거든. "야, 빨리 좀 뛸래?"보다는 "영화 시작 시간에 도착 못 할까 봐 좀 불안한데, 같이 뛰는 게 어떨까?"라고 표현하는 거지.

부탁이 아닌 것과 부탁인 것을 비교하며 좀 더 쉽게 이해할 수 있을 거야.

| 부탁이 아닌 것 | 부탁인 것 |
|---|---|
| 프린트해 놔. | 3시까지 프린트해 줄 수 있어? |
| 맨날 똑같은 거 먹어서 짜증 나. 햄버거 없어? | 오늘 간식은 새로운 것을 먹고 싶은데, 햄버거 어때? |
| 약속 시간에 늦을 것 같으면 미리 전화해. | 약속 시간보다 늦을 것 같으면 먼저 전화해 줬으면 좋겠어. |

　상대방이 내 부탁을 들어주지 않는다고 그 사람을 비난한다면 그건 부탁이 아닌 강요가 되는 거야. 또, 부탁을 들어주더라도 내 비난이 두려워서 응한 거라면 그것도 강요라고 볼 수 있단다.

　때로는 부탁이 잘 전달되었는지 확인하는 것도 필요해. "내가 정확하게 말했는지 알고 싶은데, 어떻게 들었는지 말해 줄래?"처럼 내가 한 말을 다시 말해 달라고 부탁하거나 질문을 해서 내 부탁을 잘 이해했는지 확인하는 거지.

# 평화로운 대화 속에 흐르는 우리 마음

지금까지 비폭력 대화법의 네 가지 요소인 관찰, 느낌, 욕구, 부탁에 대해 알아보았어. 정리해 보면, 비폭력 대화법은 지금 일어나는 상황을 객관적으로 관찰하고, 그것으로 인해 생기는 나의 감정과 감정을 일으킨 나의 욕구를 확인하고, 이를 해결하기 위해 상대방에게 강요가 아닌 부탁하는 방법으로 평화롭게 표현하는 대화법이야.

이 대화법을 쓰면 감정, 특히 화와 같은 강력한 감정이 들었을 때도 말로 잘 표현할 수 있어. 화도 자연스러운 감정이기 때문에 억누르거나 안에 쌓아 두면 오히려 더 나쁜 상황을 만들 수 있어. 이때 화를 그대로 보여 주는 행동이나 말이 아니라, 화가 난 나의 상황을 표현할 수 있어야 해.

만약 모둠 활동 시간에 내가 대표로 발표를 하고 싶은데 친구들이 다음에 하라면서 발표를 시켜 주지 않았다고 해 보자. 속상한 마음에 "너네끼리 다 해 먹어!"라며 화를 낸다면 친구들은 더 이상 너와 대화하고 싶지 않을 거야. 그 대신 '내가 지

금 화가 난 것 같아. 왜 그러지?' 하며 자신의 감정을 알아채고, '내가 멋지게 발표하고 싶은 마음이 있어서구나.' 하며 화가 난 이유를 찾는 거야. 그러고 나서 친구들에게 나의 감정을 솔직히 이야기하는 거지.

"아까 모둠 활동 시간에 발표할 사람을 뽑았잖아. 그때 '넌 다음에 해.'라는 말을 들으니까 좀 창피하고 화도 났어. 나도 멋지게 발표하고 싶었거든. 다음번엔 내가 발표해도 될까?"

물론 나의 감정과 욕구, 원하는 것을 평화적으로 잘 드러냈다고 해서 당장 내가 원하는 대로 일이 해결되거나 내 욕구가 충족되는 것은 아니야.

비폭력 대화를 통해 우리가 이루고자 하는 바는 서로에 대한 이해와 평화야. 우리 안에 생길 수 있는 자신만을 위하는 마음, 상대방을 비난하는 방어적인 태도를 접고 서로를 이해하고 보듬어 주는 마음을 갖는 거지.

처음에는 나의 마음을 알아주는 일조차 쉽지 않을 거야. 서툴더라도 연습하고 조금씩 실천하면서 내 마음을 먼저 알아주자. 그걸 바탕으로 나와 다른 상대방의 마음을 알아준다면 감정에 휘둘리지 않는 평화로운 대화를 할 수 있게 될 거야.